건강한 성장을 위한 부모의 마음가짐

완벽한 부모보다 충분히 좋은 부모

김상옥

KNOWLEDGE COMMUNITY 공동체

부모의 사랑과 관심만으로도 아이에게는 큰 힘이 됩니다.

완벽하지 않아도 괜찮아요

머리말

아이의 빛나는 자신감과 건강한 행복을 꿈꾸는 부모님께

우리는 아이를 처음 품에 안았던 그날, "정말 내가 잘 키울 수 있을까?"라는 설렘과 두려움을 동시에 느낍니다. 시간이 흐르면서 이름 모를 불안도 함께 자랍니다. "나는 어떤 엄마인가?" "좋은 부모는 어떻게 해야 할까?" 현실은 늘 계획대로 되지 않고, 주변의 다양한 육아 정보와 평가 속에서 '내가 부족한 건 아닐까' 자책하는 순간도 찾아옵니다.

하지만 아이들은 매일 우리 곁에서 크고 작은 신호를 보냅니다. 세상에서 가장 필요한 건 완벽한 엄마, 과하게 준비된 아빠가 아니라, 자기 삶을 꾸준히 살아내고 있는 바로 지금의 부모, 흔들림 속에서도 따뜻하게 곁에 있어 수는 보호사라는 사실을 말이죠. 영국 소아정신과 의사 위니캇이 말한 '충분히 좋은 엄마'처럼, 완벽하기 위해 자신을 몰아붙이기보다는 그저 매일의 소소한 사랑과 관심, 작은 실수도 내비치는 진솔한 모습을 보여 주려 노력하는 것, 바로 거기서 아이의 안정감과 주체적인 힘이 자란다는 사실을 잊지 않으셨으면 좋겠습니다.

이 책에 담긴 다양한 이야기와 제안은, 크게 대단한 지침도 아니고, 한순간에 엄마 아빠를 슈퍼맨이나 슈퍼우먼으로 만들어 주는 비법도 아닙니다. 오히려 부모로 성장하는 과정이란, 스스로를 돌보고 균형 잡히게 지켜내며, 아이 앞에서 '내가 할 수 있는 만큼만' 해내는 진심 어린 매일의 실천임을 조용히 되새깁니다. 도전 앞에서 긍정적인 메시지와 기대를 보여 주고, 아이의 작은 선택과 실패마저 직접 경험해 보게 하며, 애쓰며 기다려주는 부모의 믿음 속에서 아이들은 자신의 세계와 관계의 감각, 자신이 하고 싶은 일을 찾아가는 용기를 키워갑니다. 아이가 성장하면서 주체적으로 살아가는 힘, 타인을 배려할 줄 아는 마음, 의사소통하고 표현하는 기술, 그리고 자기만의 꿈을 펼칠 수 있는 스스로에 대한 믿음! 이 책은 그런 토양을 일구는 실천과 길을 차분히 안내하고자 했습니다.

혹시 오늘도 "나는 충분히 잘하고 있을까?" 고민 중이시라면, 이미 부모로서 많은 것을 잘 해내고 계신 겁니다. 지나친 조급함이나 완벽함을 내려놓고 아이 곁에 머무는 시간이 쌓일수록, 아이 역시 절로 행복해지고 스스로 필요한 것을 배우게 됩니다. 엄마 아빠의 한 마디 격려, 느긋하게 바라봐 주는 시선, 용기를 북돋우는 작고 진심 어린 인정, 이 모든 것이 아이를 훌륭한 사람, 자기다운 인생의 주인으로 키우는 데 충분한 뿌리가 됩니다.

이 책이 부모님들께 내가 이미 충분히 좋은 엄마, 좋은 아빠임을 믿는 마음을 남겨주고, 부모와 아이 모두 더 깊이 이해하고 서로를 격려하며 나아가는 따뜻한 하루의 육아 여정에 힘이 되길 소망합니다.

김상옥 드림

목 차

1부

완벽하지 않아도 충분히 좋은 부모의 시작

2부

아이 마음을 품어주는 충분히 좋은 부모

제4장 아이 마음에 다가가는 첫걸음

제5장 완벽보다, 따뜻함으로 키우는 감정

제6장 도전하는 아이로 키우는 부모의 지혜

제7장 아이 감정을 슬기롭게 다루기

3부

아이의 세상을 넓히는 부모의 지도

제8장 실전! 놀이를 통한 사회성 지도법

제9장 자존감 높은 아이, 일상 속 상호작용에서 시작된다

제10장 미래 리더를 기르는 부모의 말과 행동

위니컷이 말하는 『안아주는 환경』이란?

위니컷(Winnicott) 박사는 영유아가 건강하게 성장하기 위해서는 엄마가 만들어 주는 '안아주는 환경(holding environment)'이 꼭 필요하다고 강조했습니다. 여기서 '안아주기'는 단순히 육체적으로 아이를 품에 안는 것만을 뜻하지 않습니다. 아이의 몸과 마음이 모두 안전하고 따뜻하게 보호받는 환경을 의미합니다.

아이가 태어나 처음 만나는 세상은 매우 낯설고 불안할 수 있습니다. 이때 엄마의 부드러운 손길, 관심, 일상적인 보살핌은 아이에게 '세상은 안전하다'는 믿음을 심어줍니다. 아이가 힘들거나 불편할 때 엄마가 민감하게 알아차리고 적절히 반응해 주면, 아이는 점차 마음의 안정을 찾고, 자기 자신에 대한 신뢰도 키울 수 있습니다.

'안아주는 환경'은 아이가 스스로 존재감을 느끼고, 자신의 감정이나 표현을 자유롭게 경험하며, 참자기(True Self)를 키우는 밑거름이 됩니다. 또한 아이가 점점 성장할수록 엄마로부터 떨어져 새로운 경험에 도전할 수 있는 용기를 심어주게 됩니다. 결국, 아이가 자신의 힘으로 세상을 살아갈 수 있도록 도와주는 첫 번째 토대가 바로 '안아주는 환경'입니다.

부모님이 꼭 완벽할 필요는 없습니다. 위니컷은 '충분히 좋은' 돌봄과 따뜻한 관심이 아이를 건강하게 성장시킨다고 이야기했습니다. 아이와 함께하는 일상 속에서, 사랑과 존중의 마음으로 아이를 바라봐 주세요.

제 1 부

완벽하지 않아도 충분히 좋은 부모의 시작

제 1 장

아이와 나, 서로를 이해하는 대화

1. 말의 방식이 관계를 만든다

사람과 사람 사이의 의사소통을 돕는 다양한 미디어는 눈부시게 발전하고 있지만, 정작 가장 가까운 가족 간의 대화는 점점 더 단절되고 있다. 특히 엄마와 자녀 사이의 대화는 세대 차이에서 비롯된 거리감과 오해로 인해 더욱 어려워지고 있다. 엄마 세대와 자녀 세대는 자라온 환경과 경험, 가치관이 다르기 때문에 서로를 이해하는 데 시간이 걸릴 수밖에 없다. 그러나 이러한 차이를 극복하고 서로 공감하며 원활한 대화를 이어가는 일은 결코 불가능한 일이 아니다. 오히려 부모와 자녀가 서로의 다름을 인정하고, 마음을 열고 대화하려는 노력이 쌓일수록 관계는 더욱 깊어질 수 있다.

이제는 엄마의 역할도 하나의 전문적인 준비와 자격이 필요한 직업처럼 여겨지고 있으며, 특히 자녀 양육에서 공감적 대화 방법의 중요성이 강조되고 있다. 이는 자녀가 정서적, 인지적으로 겪는 어려움의 원인과 해결 과정에서 부모와 자녀 간의 의사소통과 부모의 공감 능력이 핵심적인 역할을 하기 때문이다. 엄마의 올바른 대화 습관은 자녀의 긍정적 습관 형성에 기초가 되며, 성장과 발달의 토대가 된다. 대화는 단순히 말을 주고받는 것이 아니라, 서로의 감정과 욕구를 이해하고 존중하는 과정이다.

엄마와 자녀가 주고받는 행복감은 대화를 통해 형성된다. 대화의 성공 여부는 엄마가 어떻게 대화를 이끌고, 자녀의 감정에 얼마나 공감해 주는지에 달려 있다. 대화란 단순히 말을 주고받는 것이 아니라, 상대의 감정과 관심을 매 순간 확인하며 서로의 욕구와 의도를 이해하려는 지속적인 노력이 필요하다. 엄마가 자신의 뜻만을 관철시키려는 태도에서 벗어나, 자녀가 무엇을 고민하는지, 어떤 것에 관심이 있는지 알려고 노력한다면 대화는 자연스럽게 이루어진다. 대화는 상호작용이며, 듣고 말하는 과정이 균형 있게 이루어져야 한다. 대화의 목적은 자녀의 어려운 상황을 도와주기 위함이기도 하지만, 자녀를 올바르게 가르치고 성장하도록 돕는 데에도 있다.

엄마는 하루 종일 자녀와 많은 이야기를 나누지만, 단순히 대화의 양이 많다고 해서 충분한 소통이 이루어지는 것은 아니다. 무엇을 이야기할지보다 어떻게 상호작용할지에 대한 고민이 필요하다. 엄마가 자녀의 눈높이에 맞추고, 아이를 있는 그대로 이해하려는 태도에서 공감적 대화가 시작된다. 이러한 대화 방법은 자연스럽게 익혀지는 것이 아니라, 적극적인 노력과 연습을 통해 더 효과적으로 습득되고 실천된다. 엄마와 자녀가 의사소통의 통로를 항상 개방적으로 유지하려면, 엄마가 공감하는 기술과 방법을 익혀야 한다. 이런 기술을 통해 엄마는 자녀와의 대화에서 좋은 관계를 유지하고 발전시킬 수 있다. 자녀는 이를 통해 자신에 대한 긍정적인 태도와 엄마에 대한 신뢰, 개방적인 마음가짐을 키우게 된다.

아무리 뛰어난 부모라도 아이를 인격적으로 존중하고, 겸허한 마음과 깊은 애정으로 대하지 않는다면 그 능력은 빛을 잃는다. 엄마와 자녀 간의 대화 기술을 익히고 발전시키기 위해서는 가족이 함께 이야기를 나누고, 생각을 교류하며 공감할 수 있는 시간을 자주 가져야 한다. 엄마는 올바른 대화 방법을 익혀 자녀와 다양한 주제로 이야기를 나누는 것이 중요하다. 공감적 대화가 항상 원만하게 이루어지는 것은 아니지만, 엄마가 노력하고 실수를 개선할수록 자녀의 발달을 더 잘 이해하고 대화가 점차 개선되는 것을 느낄 수 있다.

엄마와 자녀 사이의 작은 대화 습관 하나만 바뀌어도, 자녀는 훨씬 더 다양하고 올바른 대화 습관을 익히게 된다. "괜찮아, 잘했어"와 같은 따뜻한 한마디로 시작되는 공감적 대화는 자녀가 성장하는 데 큰 힘이 된다. 부모의 관심 어린 사랑은 지혜로운 대화 습관으로 이어지고, 이는 진정한 사랑과 일관성 있는 교육

관으로 자녀에게 전달된다.

하지만 때로는 '엄마답다'는 말이 부담스럽게 느껴질 때도 있다. 그만큼 엄마의 역할과 책임은 크고, 스스로 부족함을 느끼기도 한다. 그렇기에 다시 한번 엄마다운 공감적 대화 방법을 통해 자녀와 긍정적인 대화를 이끌어 내는 양육을 시작해야 한다.

특히 아이와의 관계에서 초기에 형성되는 정서적 유대와 신뢰는 아이가 세상과 자신을 긍정적으로 바라보는 힘의 근원이 된다. 엄마가 아이의 신호에 민감하게 반응하고, 아이의 감정과 욕구를 존중하는 태도를 보일 때, 아이는 자신이 소중한 존재임을 자연스럽게 받아들이게 된다. 이러한 관계의 깊이는 시간이 지날수록 아이의 자존감과 사회성, 그리고 타인과의 관계 형성에 긍정적인 영향을 미친다.

여기서 중요한 것은, 아이가 태어나서 처음 경험하는 인간관계가 바로 엄마와의 관계라는 점이다. 아이는 엄마와의 상호작용을 통해 세상을 배우고, 자신의 감정과 욕구를 표현하는 방법을 익힌다. 엄마가 아이의 신호에 세심하게 귀 기울이고, 아이의 감정에 민감하게 반응할 때, 아이는 세상이 안전하다는 신뢰를 쌓는다. 이런 경험은 아이가 점차 독립적으로 성장하면서도 내면의 안정감을 갖게 하는 데 필수적이다.

아이의 마음속에는 엄마와의 관계에서 비롯된 '내적 공간'이 자리 잡는다. 이 내적 공간은 아이가 자신의 감정과 생각을 자유롭게 탐색할 수 있는 심리적 여유를 제공한다. 엄마가 아이의 감정을 수용하고, 아이가 느끼는 불안이나 두려움, 기쁨을 함께 나눌 때, 아이는 자신이 있는 그대로 존중받는다는 경험을 하게 된다. 이런 경험은 아이가 자라면서 타인과의 관계에서도 자신을 솔직하게 드러내고, 타인의 감정에 공감할 수 있는 능력을 키우는 데 중요한 밑거름이 된다.

예를 들어, 아이가 장난감을 잃어버려 속상해할 때 엄마가 "많이 속상했겠다. 엄마도 그런 경험이 있어, 함께 찾아보자"라고 말해주면, 아이는 자신의 감정이 이해받고 있다는 안도감을 느낀다. 이런 공감적 반응은 아이가 감정을 억누르지 않고 자연스럽게 표현할 수 있게 도와준다. 또한 엄마가 아이의 행동을 단순히 통제하거나 지시하는 것이 아니라, 아이의 내면을 이해하려고 노력할 때, 아이는 점차 자기 자신을 긍정적으로 받아들이게 된다.

엄마와 자녀 간의 대화에서 중요한 것은, 아이가 자신의 감정과 생각을 자유롭게 표현할 수 있도록 안전한 심리적 공간을 마련해 주는 것이다. 엄마가 아이의 이야기를 경청하고, 판단하지 않으며, 아이의 감정에 공감해 주는 태도는 아이의 내면에 깊은 안정감을 심어준다. 이런 경험은 아이가 성장하면서 다양한 상황에서 자기 자신을 신뢰하고, 타인과의 관계에서도 건강한 소통을 할 수 있는 바탕이 된다.

또한 엄마가 자신의 감정과 한계를 솔직하게 인정하는 모습은 아이에게도 큰 영향을 미친다. 엄마가 "엄마도 가끔은 힘들 때가 있어. 그럴 땐 잠깐 쉬고 다시 시작하면 돼"라고 말해주면, 아이는 완벽하지 않아도 괜찮다는 메시지를 받는다. 이런 경험은 아이가 실패나 실수 앞에서 좌절하지 않고, 다시 도전할 수 있는 힘을 기르는 데 도움이 된다.

가족이 함께 모여 일상적인 이야기를 나누는 시간도 매우 중요하다. 저녁 식탁에서 오늘 있었던 일, 기뻤던 일, 속상했던 일을 자연스럽게 나누는 과정에서 아이는 자신의 감정과 생각을 정리하고, 가족의 지지와 사랑을 느끼게 된다. 이런 경험은 아이가 학교나 사회에서 겪는 다양한 도전과 어려움 앞에서 흔들리지 않는 내면의 힘을 키우는 데 큰 역할을 한다.

마지막으로, 엄마와 자녀 간의 대화에서 가장 중요한 것은 서로를 있는 그대로 받아들이고 존중하는 태도다. 엄마가 아이의 실수나 부족함을 비난하기보다는, 아이의 입장에서 생각하고 이해하려는 노력을 보일 때, 아이는 자신이 사랑받고 있다는 확신을 갖게 된다. 이런 경험이 쌓일수록 아이는 자신감과 자존감을 키우고, 건강한 사회적 관계를 맺을 수 있게 된다.

이처럼 엄마와 자녀 간의 대화는 단순한 의사소통을 넘어, 아이의 내면에 깊은 영향을 미치는 심리적 기반이 된다. 아이는 엄마와의 관계에서 경험한 안정감과 신뢰를 바탕으로, 세상과 자신을 긍정적으로 바라보며 성장하게 된다. 부모가 자녀의 감정과 욕구에 민감하게 반응하고, 공감적 대화 방법을 꾸준히 실천할 때, 아이는 자신을 소중하게 여기고, 타인과의 관계에서도 건강한 소통을 이어갈 수 있다.

2. 내가 아는 아이, 아이가 바라는 나

엄마는 자녀를 누구보다 잘 알고 있다고 생각한다. 아이가 태어난 순간부터 곁에서 돌보고, 성장의 모든 단계를 함께해 왔기 때문이다. 하지만 아이가 점점 자라면서 엄마는 자신이 아이를 잘 모른다는 불안과 양육효능감의 저하를 경험하게 된다. 아이와의 대화가 점점 줄어들고, 서로의 마음을 이해하지 못하는 상황이 반복되면 엄마는 때로 분노와 배신감, 심지어 외로움까지 느끼게 된다. 이런 감정은 엄마가 자신의 시각과 기준으로 아이를 이해하고, 자신의 수준에 맞추어 대화를 이끌려 할 때 더욱 심해진다. 세상이 빠르게 변하고 있는데, 엄마는 여전히 과거의 경험과 고정관념에 머물러 있기 때문이다.

사실 아이들은 엄마가 원하는 것과 자신이 진짜로 바라는 것 사이에 분명한 차이를 느끼고 있다. 예를 들어, 엄마는 아이가 공부에 집중하길 바라지만, 아이는 노는 것이나 스마트폰에 더 큰 흥미를 보인다. 엄마는 가족과 함께하는 시간을 소중히 여기지만, 아이는 혼자만의 시간이나 친구들과의 온라인 소통을 더 즐긴다. 엄마는 미래를 내다보고 계획적으로 살길 원하지만, 아이는 당장의 즐거움과 지금 이 순간의 경험에 더 집중한다. 엄마는 착한 친구를 사귀길 바라지만, 아이는 재미있고 자신과 잘 맞는 친구를 더 선호한다. 이런 견해 차이에서 엄마와 자녀 사이에는 갈등이 생기고, 때로는 서로의 마음이 멀어지기도 한다.

이처럼 변화하는 세상에서 엄마가 자신의 고정관념을 고집한다면, 아이와의 거리는 점점 더 멀어진다. 예전처럼 엄마의 생각에 아이의 생각을 무조건 맞추기를 원한다면, 그 어떤 아이도 엄마의 기대에 온전히 부응할 수 없다. 세상의 변화 속도가 너무 빨라 적응하기 어렵듯이, 자녀교육 역시 그만큼 복잡하고 어려워지고 있다. 그렇다면 앞으로 엄마는 어떻게 아이를 대해야 할까? 가장 중요한 것은 아이를 있는 그대로 바라보고, 엄마 자신도 변화하는 세상에 맞춰 유연하게 성장하는 것이다.

여기에서, 아이와 엄마 사이의 관계가 단순히 지식이나 경험의 전달이 아니라, 깊은 정서적 연결과 상호작용에서 비롯된다는 점을 이해해야 한다. 아이는 엄마와의 관계 속에서 자신의 감정과 욕구를 탐색하고, 세상과 자신을 바라보는 시각을 형성한다. 엄마가 아이의 신호에 민감하게 반응하고, 아이의 감정에 공감해주는 경험이 반복될수록 아이는 자신이 존중받고 있다는 확신을 갖게 된다. 이런 경험은 아이가 성장하면서 자신감과 자존감을 키우는 데 결정적인 역할을 한다.

아이의 내면에는 엄마와의 관계에서 비롯된 심리적 공간이 자리 잡는다. 이 공간은 아이가 자신의 감정과 생각을 자유롭게 표현할 수 있는 안전지대가 된다. 엄마가 아이의 감정을 수용하고, 아이가 느끼는 불안이나 두려움, 기쁨을 함께 나누면, 아이는 자신이 있는 그대로 존중받는다는 경험을 하게 된다. 예를 들어, 아이가 “엄마, 나 오늘 친구랑 싸웠어”라고 말할 때, 엄마가 “많이 속상했겠구나. 네 마음이 이해돼"라고 따뜻하게 반응하면, 아이는 자신의 감정이 존중받는다는 안도감을 느낀다. 이런 공감적 반응은 아이가 자신의 감정을 억누르지 않고 자연스럽게 표현할 수 있게 도와준다.

엄마가 아이를 이해하려면, 자신의 기준과 기대에서 벗어나 아이의 세계를 진심으로 들여다보려는 노력이 필요하다. 아이의 관심사와 감정, 생각을 있는 그대로 받아들이고, 아이가 무엇을 좋아하고, 무엇에 어려움을 느끼는지 세심하게 관찰해야 한다. 아이가 게임을 좋아한다면, 그 이유를 함께 이야기해 보고, 아이가 혼자 시간을 보내고 싶어 한다면 그 시간의 의미를 존중해 주는 태도가 필요하다. 이런 태도는 아이가 자신만의 개성과 욕구를 인정받고 있다는 느낌을 갖게 한다.

이제는 한 가지 재능만을 강조하는 시대가 아니다. 아이가 다양한 경험을 하면서 자신이 좋아하고 잘하는 것을 찾을 수 있도록 엄마가 도와주는 것이 중요하다. 엄마는 아이에게 여러 가지 기회를 제공하고, 아이가 스스로 선택하고 탐색할 수 있도록 지지해 주어야 한다. 미래 사회에서 경쟁력을 갖추려면 창의성과 정서지능, 도덕지능 등 다양한 역량이 필요하다. 엄마는 아이가 남과 다른 생각을 할 수 있도록 격려하고, 실패를 두려워하지 않고 도전할 수 있도록 용기를 북돋아 주어야 한다.

이 과정에서 엄마와 아이 사이의 대화는 단순한 정보 전달이 아니라, 아이의 내면을 이해하고 지지하는 정서적 상호작용이 되어야 한다. 엄마가 아이의 이야기를 경청하고, 판단하지 않으며, 아이의 감정에 공감해 주는 태도는 아이의 내면에 깊은 안정감을 심어준다. 이런 경험은 아이가 성장하면서 다양한 상황에서 자기 자신을 신뢰하고, 타인과의 관계에서도 건강한 소통을 할 수 있는 바탕이 된다.

엄마 역시 완벽할 수 없다는 사실을 인정하는 것도 중요하다. 엄마가 자신의 감정과 한계를 솔직하게 드러내고, 때로는 실수도 인정하는 모습을 보이면, 아이도 완벽하지 않아도 괜찮다는 메시지를 자연스럽게 받아들인다. "엄마도 가끔은 힘들 때가 있어. 조금 기다려 줄 수 있지"라고 말해주는 엄마의 태도는 아이에게 큰 위안이 된다.

결국, 엄마와 자녀 간의 대화는 단순한 의사소통을 넘어, 아이의 내면에 깊은 영향을 미치는 심리적 기반이 된다. 아이는 엄마와의 관계에서 경험한 안정감과 신뢰를 바탕으로, 세상과 자신을 긍정적으로 바라보며 성장하게 된다. 부모가 자녀의 감정과 욕구에 민감하게 반응하고, 공감적 대화 방법을 꾸준히 실천할 때, 아이는 자신을 소중하게 여기고, 타인과의 관계에서도 건강한 소통을 이어갈 수 있다.

3. 아이를 키운다는 것, 길을 함께 걷는 것

요즘 엄마들은 아이를 억압하지 않고 자유롭고 즐거운 환경을 만들어 주려고 노력한다. 하지만 단순히 자유만을 제공한다고 해서 아이가 저절로 행복한 삶을 사는 것은 아니다. 아이들은 엄마로부터 생명을 유지하는 의식주만이 아니라, 발달 연령에 맞는 적절한 양육과 훈육을 통해 성숙한 사람으로 성장하고, 결국에는 자신만의 행복을 만들어 간다. 이 과정에서 엄마는 단순한 돌봄을 넘어, 아이의 내면 세계를 이해하고 지지하는 깊은 정서적 연결을 형성하는 역할을 해야 한다.

아이들은 대략 만 2~3세가 되면 자신의 생각을 언어로 표현하고, 외부 세계에 대한 호기심이 폭발적으로 증가한다. 놀이를 통해 사물을 이해하고, 가족이나 주변 사람들과의 관계를 통해 사회성을 배우게 된다. 이 시기, 엄마와의 상호작용은 아이의 정서적 안정과 자기 조절 능력, 그리고 사회적 기술 발달에 결정적인 영향을 미친다. 만약 이때 아이가 자기 중심적인 욕구를 조절하는 방법을 배우지 못한다면, 그 어려움은 평생 지속될 수 있다.

특히 만 3~6세는 뇌와 감성 능력이 절반 이상 발달하는 시기로, 이 시기에 경험하는 엄마와의 관계는 아이의 성격, 정서, 사회성, 도덕성의 기초가 된다. '세 살 버릇 여든까지 간다'는 말처럼, 이 시기의 경험은 아이의 평생을 좌우할 수 있다. 엄마는 이 시기에 교사이자 안내자, 그리고 아이의 내면을 지지하는 든든한 존재가 되어야 한다.

엄마가 아이의 욕구와 감정, 생각을 세심하게 관찰하고 존중해 줄 때, 아이는 자신이 소중한 존재임을 자연스럽게 받아들이게 된다. 예를 들어, 아이가 새로운 놀이에 도전하거나 엉뚱한 질문을 할 때, 엄마가 "어떻게 그런 생각을 했니? 정말 멋진 상상력이구나!"라고 반응해 주면, 아이는 자신의 창의성과 호기심을 긍정적으로 인식한다. 이런 경험은 아이가 새로운 것에 도전하고, 실패를 두려워하지 않는 태도를 기르는 데 큰 힘이 된다.

아이와의 일상 속 상호작용에서 엄마는 일관성 있는 규칙과 함께, 아이의 감정을 충분히 공감해 주는 태도를 보여야 한다. 예를 들어, 아이가 실수했을 때 "괜찮아, 누구나 실수할 수 있어. 우리 다음에는 어떻게 하면 좋을지 함께 생각해 보자"라고 말해주면, 아이는 실수를 두려워하지 않고, 다시 도전할 수 있는 용기를 갖게 된다. 이처럼 엄마의 따뜻한 격려와 지지는 아이의 자기 조절력과 자기 주도성을 키우는 데 필수적이다.

아이들은 엄마와의 관계에서 심리적 안전감을 경험할 때, 자신의 감정과 생각을 자유롭게 표현할 수 있다. 엄마가 아이의 감정을 인정하고, 아이가 느끼는 기쁨이나 슬픔, 분노를 함께 나눌 때, 아이는 자신의 감정이 존중받는다는 확신을 갖게 된다. 이런 경험은 아이가 성장하면서 타인과의 관계에서도 공감과 존중을 바탕으로 건강한 소통을 할 수 있도록 돕는다.

이 시기의 아이들은 특히 놀이를 통해 세상을 배우고, 다양한 경험을 통해 자신만의 세계를 확장해 나간다. 엄마가 아이와 함께 놀이를 하며, 아이의 상상력과 창의성을 지지해 주고, 때로는 아이의 주도에 따라 놀이의 방향을 바꿔 주는 유연함을 보일 때, 아이는 스스로를 존중받는 존재로 느끼게 된다. 예를 들어, "오늘은 네가 하고 싶은 놀이를 엄마랑 같이 해볼까?"라고 제안하면, 아이는 자신의 선택이 존중받는다는 경험을 하게 된다.

엄마는 교사로서 아이에게 필요한 생활 습관과 도덕적 가치, 사회적 규칙을 가르쳐야 한다. 동시에 아이의 내면을 이해하고 지지하는 정서적 안내자가 되어야 한다. 아이가 혼란스럽거나 힘들어할 때, 엄마가 "엄마도 어렸을 때 그런 기분이 들었어. 네 마음이 이해돼"라고 공감해 주면, 아이는 자신이 혼자가 아니라는 안정감을 얻는다. 이런 정서적 유대는 아이가 자존감과 사회성을 키우는 데 결정적인 역할을 한다.

또한 엄마는 아이가 다양한 경험을 하며 자신만의 강점과 흥미를 발견할 수 있도록 도와주어야 한다. 아이가 새로운 활동에 도전할 때, 엄마가 격려와 지지를 보내주면, 아이는 실패를 두려워하지 않고 적극적으로 세상에 나아갈 수 있다. "네가 해보고 싶다면 엄마는 언제나 응원할게. 힘들면 언제든 이야기해 줘"라는 엄마의 말 한마디는 아이의 마음에 큰 힘이 된다.

이처럼 엄마와 아이의 관계는 단순한 돌봄을 넘어, 아이의 내면세계를 지지하고 성장시키는 중요한 역할을 한다. 엄마가 아이의 감정과 욕구에 민감하게 반응하고, 아이가 자신의 생각을 자유롭게 표현할 수 있도록 격려할 때, 아이는 자신이 소중한 존재임을 자연스럽게 받아들이게 된다. 이런 경험이 쌓일수록 아이는 자신감과 자존감을 키우고, 건강한 사회적 관계를 맺을 수 있게 된다.

결국, 엄마는 아이의 삶에서 가장 중요한 첫 번째 안내자이자, 아이의 내면을 지지하는 든든한 존재다. 아이가 성장하는 과정에서 엄마와의 깊은 정서적 유대와 신뢰는 아이가 세상과 자신을 긍정적으로 바라보며, 새로운 도전 앞에서도 당당히 나아갈 수 있는 힘의 근원이 된다. 부모가 자녀의 감정과 욕구에 민감하게 반응하고, 공감적 양육을 꾸준히 실천할 때, 아이는 자신의 삶을 주도적으로 이끌어 가는 힘을 키우게 된다.

4. 내 안의 틀을 내려놓을 때

아이를 키운다는 것은 새로운 인생을 만들어 가는 과정이기 때문에, 엄마의 양육이 잘못되었을 때 그 시간들은 다시 되돌릴 수 없다. 그래서 대부분의 엄마들은 '우리 아이만은 제대로 잘 키워보자'는 목표와 다짐을 하면서도, 실제로 자신의 생각과 습관을 바꾸는 일에는 큰 어려움을 느낀다. 많은 엄마가 어린 시절 겪었던 상처나 경험에서 비롯된 사고방식을 바로잡으려는 과정에서, 자신이 변화하기보다는 오히려 아이에게 자신의 생각과 행동을 강요하게 된다. 이러한 기대와 억압은 엄마가 과거의 상처를 충분히 치유하지 못한 채 결혼하고 자녀를 낳으면서 자연스럽게 가족에게 투영되는 경우가 많다. 상처에서 비롯된 잘못된 고정관념, 나쁜 습관, 미래에 대한 두려움 등이 남편이나 아이들에게 반영되는 것이다.

엄마가 된다는 것은 단순히 아이를 돌보는 역할을 넘어, 자신의 과거와 마주하고 그 안에 남아 있는 부정적인 생각이나 습관을 고치는 것부터 시작해야 한다. 엄마의 내면에 남아 있는 상처와 고정관념을 인식하고, 이를 치유하려는 노력이 선행될 때 비로소 아이를 있는 그대로 바라보고, 아이의 독립적인 존재감을 인정할 수 있다. 이러한 변화는 엄마가 자신의 인생의 가치관과 목표를 새롭게 세우는 과정과도 맞닿아 있다. 그동안 자녀에 대해 가지고 있던 기대와 신념, 고정관념을 내려놓고, 아이의 현재 모습과 발달을 이해하려는 마음가짐이 부모 공감 양육의 첫걸음이 된다.

대부분의 사람은 자신이 익숙한 문화와 고정관념에 길들어져, 그 틀 안에서만 세상을 바라본다. 엄마 역시 자신만의 색안경을 쓰고 아이를 바라볼 때, 아이의 진짜 모습은 보지 못하고, 자신의 기대와 두려움만을 아이에게 투영하게 된다. 예를 들어, 어떤 엄마는 아이를 말썽꾸러기로 보고, 아이가 하는 모든 행동을 잘못된 것이라고 판단하며, 일일이 통제하고 혼내는 데 많은 에너지를 쏟는다. 반면, 또 다른 엄마는 아이를 선한 천사로 여기며, 아이의 모든 행동을 허락하고 맞추어 주는 데 집중한다. 이러한 양극단의 양육 방식은 모두 엄마가 가진 고정관념에서 비롯된 것으로, 아이의 발달과 자율성을 저해할 수 있다.

현대사회에서 외동이 많은 현상은 이런 경향을 더욱 강화한다. 엄마가 자신의 신념과 기대에 따라 아이를 바라보고 양육하다 보면, 아이는 점차 엄마의 틀에 맞춰 행동하거나, 반대로 엄마의 기대에서 벗어나려는 갈등을 겪게 된다. 결국, 자신만의 고정관념을 버리고 현실과 아이의 발달을 이해하며 공감하는 마음을 갖는 것이 진정한 양육의 시작이다.

이 과정에서 위니컷이 강조한 것처럼, 아이는 엄마와의 관계 속에서 자신만의 내적 공간을 형성한다. 엄마가 자신의 고정관념을 내려놓고, 아이의 신호와 감정, 욕구에 민감하게 반응할 때, 아이는 자신이 있는 그대로 받아들여진다는 안정감을 느끼게 된다. 엄마가 아이의 감정과 행동을 자신의 기준에 억지로 맞추지 않고, 아이가 보여 주는 다양한 모습과 개성을 존중해 줄 때, 아이는 스스로를 긍정적으로 바라보고 건강한 자아를 형성해 나간다. 이때 아이의 내면에는 자유롭게 상상하고 탐색할 수 있는 심리적 공간이 만들어진다. 이 공간은 아이가 성장하면서 새로운 경험을 받아들이고, 실패를 두려워하지 않으며, 자신의 감정과 욕구를 솔직하게 표현할 수 있는 힘의 원천이 된다.

고정관념을 극복하기 위해서는 먼저 자신의 신념과 감정, 행동을 성찰하는 과정이 필요하다. 자신의 생각이 비합리적일 수 있다는 점을 인정하고, 아이와의 관계에서 반복되는 갈등이나 불편함이 있다면 그 원인을 내 안에서 찾아보는 노력이 필요하다. 또한 다양한 경험을 통해 새로운 시각을 받아들이고, 아이의 행동을 있는 그대로 바라보려는 태도가 중요하다. 예를 들어, 평소와 다른 행동을 보이는 아이를 보며 "왜 저럴까?"라는 의문이 들 때, "혹시 내가 내 기준에만 사로잡혀 있지는 않은가?"라고 스스로에게 질문해 보는 것이다.

고정관념은 쉽게 바뀌지 않지만, 지속적인 자기 성찰과 다양한 경험, 그리고 아이와의 열린 대화를 통해 점차 변화할 수 있다. 엄마가 자신의 고정관념을 내려놓고, 아이의 신호와 감정에 민감하게 반응하며, 아이의 개성과 발달을 존중하는 태도를 실천할 때, 아이는 자신만의 내적 공간을 건강하게 키우고, 세상과의 관계에서도 자신감을 갖게 된다.

결국 부모 공감 양육의 첫 번째 준비 단계는 엄마 자신의 내면을 돌아보고, 스스로의 고정관념을 인식하고 내려놓는 데서 시작된다. 이 과정이 쌓일수록 엄마와 아이 모두가 더 자유롭고 건강한 관계를 맺을 수 있으며, 아이는 자신의 삶을 주도적으로 살아갈 수 있는 힘을 키우게 된다.

5. 나는 어떤 부모인가, 어떤 부모가 되고 싶은가

'나는 과연 아이에게 어떤 엄마인가?'라는 질문을 스스로에게 던지는 습관은 부모로서 성장하는 데 중요한 출발점이 된다. 자신을 돌아보고, 부모 역할과 신념을 긍정적으로 내면화하는 과정은 아이와의 관계에서 더 깊은 공감과 이해를 가능하게 한다. 일상에 쫓기다 보면 자신이 어떤 방식으로 아이를 대하고 있는지, 그리고 그 태도가 아이에게 어떤 영향을 미치는지 미처 생각하지 못하는 경우가 많다. 그러나 엄마의 역할을 점검하고, 바라는 엄마의 모습을 구체적으로 상상해 보는 시간은 양육의 방향을 새롭게 잡는 데 큰 도움이 된다.

아래의 질문들은 자신을 돌아보고, 아이와의 관계를 성찰하는 데 유용하다.

나는 좋은 엄마인가? - 질문하기

- 내 생각을 자녀에게 일방적으로 강요하고 있지는 않은가?
- 식사 시간을 잔소리하는 데 쓰고 있지는 않은가?
- 나의 잘못을 자녀의 탓으로 돌린 적은 없는가?
- 자녀가 잘못을 깨달았는데도 되풀이하여 야단친 적은 없는가?
- 내 기분에 따라 자녀를 대하고 있지는 않은가?
- 아이가 힘들어할 때 잘잘못을 따지기보다는 조용히 격려해 주는가?
- 자녀가 가장 좋아하는 것이 무엇인지, 자녀가 좋아하는 사람이 누구인지 알고 있는가?
- 자녀가 무엇을 잘하고, 무엇이 되고 싶어 하는지 알고 있는가?
- 자녀가 이룬 것이 아무리 사소할지라도 진심으로 기뻐하고 칭찬해 주는가?
- 가끔씩이라도 자녀와 함께 즐거운 시간을 갖고 있는가?

이런 질문을 통해 엄마는 자신의 양육 태도를 점검하고, 아이의 입장에서 생각해 보는 기회를 얻게 된다. 아이가 보내는 신호와 감정에 세심하게 반응하고, 실수와 좌절의 순간에도 따뜻하게 품어 주는 태도는 아이에게 신뢰와 자존감을 심어 준다. 엄마가 자신의 감정과 한계를 인정하고, 때로는 아이에게 "엄마도 힘들 때가 있어"라고 솔직하게 털어놓는 순간, 아이는 자신의 감정도 존중받을 수 있다는 믿음을 갖게 된다.

또한 자신이 어떤 엄마가 되고 싶은지 명확하게 그려보는 것도 중요하다.

나는 이런 엄마가 되고 싶다 - 답 찾기

- 아이를 어떻게 키워야 하는지 방법을 알고 싶다.
- 나의 화를 내는 좋지 않은 습관을 바꾸고 싶다.
- 과거의 짐을 벗어버리고 따뜻한 엄마가 되고 싶다.
- 엄마로서 인생의 목표를 새롭게 설정하고 싶다.
- 우리 아이를 자신감 있는 리더로 키우고 싶다.
- 아이의 잠재력과 능력을 잘 개발해 주고 싶다.
- 아이를 자율적이고 인성이 바른 사람으로 키우고 싶다.
- 아이들과 늘 친밀한 관계를 유지하고 싶다.
- 존경받고 친구 같은 엄마가 되고 싶다.

이런 바람들은 엄마가 자신의 양육 방향을 점검하고, 아이와의 관계에서 더 긍정적인 변화를 이끌어 내는 원동력이 된다. 일방적인 지시나 가르침에 의존한 양육 방식만으로는 아이를 건강하게 성장시키기 어렵다. 엄마로서 자녀의 삶에 중요한 영향을 미치는 존재가 되고 싶다면, 스스로 자문하는 습관을 통해 아이의 입장에서 생각하고, 자녀의 말에 귀 기울이며 공감하는 태도를 실천해야 한다.

이렇게 엄마가 자신의 내면을 성찰하고, 아이와의 관계에서 공감과 존중을 실천할 때, 아이는 자신의 감정과 생각을 자유롭게 표현할 수 있는 심리적 공간을 갖게 된다. 이 공간에서 아이는 자신을 소중하게 여기고, 세상과의 관계에서도 건강하게 성장할 수 있다. 부모의 자기 성찰과 공감적 태도는 결국 아이의 내면에 깊은 안정감과 자신감을 심어 주는 가장 든든한 밑거름이 된다.

제 2 장

아이의 행동은 부모의 말에서 자란다

지금 내 자녀가 보이는 언어 습관과 행동 습관은 부모와 맺어온 관계의 결과라고 해도 과언이 아니다. 아이는 태어나서부터 부모의 반응, 목소리, 표정, 손길 하나하나를 통해 세상을 경험한다. 엄마와 아빠가 어떻게 반응하는지, 어떤 말투로 이야기하는지, 어떤 표정으로 바라보는지, 이런 모든 것들이 아이의 내면에 차곡차곡 쌓여서 아이의 성격과 습관, 그리고 세상을 바라보는 눈을 만들어 간다. 아이의 행동은 단순히 타고난 기질만으로 결정되는 것이 아니라, 부모와의 관계에서 형성된 정서적 경험과 신뢰, 그리고 반복되는 상호작용의 결과다.

허용적인 양육을 받고 자란 아이는 자발성이 없어진다는 것을 알면서도, 아이의 못마땅한 행동을 볼 때마다 잔소리가 나오고, 때로는 직접 해결해 주게 된다. 하지만 그렇게 잔소리를 하고, 문제를 대신 해결해 주어도 아이의 행동이 쉽게 바뀌지 않는 경우가 많다. 시간이 지나도 바뀌지 않는 아이의 문제행동을 보면 더 화가 나고, 참다 참다 결국 더 크게 화를 내게 된다. 그리고 그 순간 아이의 마음에도 상처가 남는다. 이런 상황이 반복되면서 엄마와 아이의 관계는 점점 더 멀어지고, 아이의 문제행동은 오히려 더 커진다. 미운 행동을 해서라도 관심을 받고 싶은 아이의 마음은 점점 더 강해지고, 갈등이 깊어지면서 엄마와 아이 모두 분노와 미움으로 상처를 받게 된다.

이런 악순환의 근본적인 원인은, 아이의 행동 이면에 숨어 있는 진짜 감정과 이유를 충분히 들어주지 못했기 때문이다. 아이가 왜 그런 행동을 했는지, 어떤 마음이었는지 공감적으로 이해하려는 대화가 부족한 채, 엄마의 방식대로만 아이를 변화시키려 했던 결과다. 부모가 아이의 감정이나 욕구를 충분히 받아들이지 않고, 일방적으로 지적하거나 훈계만 반복하면, 아이는 자신의 마음이 받아들여지지 않았다는 느낌을 받게 된다. 이런 경험이 반복되면, 아이는 점점 자신의 감정을 숨기거나, 오히려 더 강하게 표현하면서 부모의 관심을 끌려고 한다.

부모 역시 완벽할 수 없다. 경우에 따라서는 부부 싸움을 하고 난 뒤거나, 개인적으로 자신의 감정 조절이 되지 않을 때, 평소 같으면 대수롭지 않게 넘길 수 있는 자녀의 행동에 괜히 화를 내거나 언성을 높이게 된다. 이런 상황에서 엄마는 자신도 모르게 아이에게 감정의 화살을 돌리고, 아이의 마음에 또 하나의 상처를 남기게 된다. 우리가 엄마라는 이유로 실수하는 것은 이뿐만

이 아니다. 엄마 자신이 변화하기 어려운 행동이나 습관에 대해서는 아이에게만 변화를 강요하거나 집착하는 경우도 많다.

예를 들어, 아이가 자신감이 없거나 발표력이 부족하고 내성적인 행동을 보일 때, 엄마의 유전적 기질이나 환경적 요인에 대한 이해는 뒤로 한 채, 자녀에게 지적과 훈계로 그런 행동이 바뀌기만을 바란다. 하지만 누구나 단점을 가지고 있기 마련이고, 나쁜 행동이나 습관이 나타나는 것은 성장 과정에서 당연히 겪는 일이다. 진정으로 중요한 것은, 아이의 문제행동이 무엇인지 정확히 보고, 긍정적인 상호작용을 통해 어떻게 건강한 습관으로 바꿔 줄 수 있을지 끊임없이 고민하고 배워가는 부모의 태도다.

아이들이 자주 보이는 문제행동을 보면 다음과 같다.

- 떼를 쓴다.
- 울음으로 모든 것을 표현한다.
- 침착성이 부족하다.
- 참을성이 없어서 금방 자리를 뜬다.
- 쉬지 않고 뛰며 돌아다닌다.
- 여러 사람이 있는 곳에서 예의가 없다.
- 아무것도 하지 않고 혼자 논다.
- 높은 곳에 올라가 뛰어내린다.
- 자주 소리를 지르고, 다른 사람 말을 잘 듣지 않는다.
- 산만하고 집중력이 없다.
- 놀이 방식이 패턴화되어 변화가 없다.
- 조리 있게 의사소통하지 못한다.

- 블록이나 장난감을 늘어놓는다.
- 타인이나 자신에게 상처나 해가 되는 행동(때리기, 물기, 차기, 밀기, 성질 부리기, 던지기 등)을 한다.

이런 행동들은 단순히 버릇이 나빠서 나타나는 것이 아니라, 아이가 자아개념이 생겨서 고집스러워지며 자신이 하고 싶은 욕구를 있는 그대로 행동으로 드러낼 때 자신의 감정이나 욕구를 적절히 표현하지 못하거나, 부모와의 관계에서 충분히 받아들여지지 못했다고 느낄 때 더 자주 나타난다. 아이는 아직 자신의 감정을 말로 다 설명할 수 없기 때문에, 행동으로 신호를 보내는 경우가 많다. 부모가 아이의 신호를 민감하게 받아들이고, 아이의 마음을 진심으로 이해하려고 할 때, 아이는 비로소 자신의 감정이 안전하게 받아들여진다는 느낌을 갖게 된다. 이런 경험이 쌓이면, 아이는 점차 자신의 감정을 조절하고, 타인과의 관계에서 신뢰와 안정감을 느끼게 된다.

'세 살 버릇 여든 간다'는 속담이 있다. 이 속담은 나쁜 버릇은 고치기 어려우니, 처음부터 버릇을 잘 들여야 한다는 뜻이다. 그런데 습관이나 버릇을 고치는 데 왜 3세부터를 이야기할까? 아이가 감정을 배우고, 세상과 관계 맺는 중요한 시기는 만 3세까지다. 이 시기에는 아이의 뇌가 급속도로 발달하고, 감정과 정서의 기초가 만들어진다. 그 이전까지는 아이의 사고가 미성숙해서 아무리 지적해도 그것이 무엇인지 잘 이해하지 못한다. 이 시기에 부모가 아이의 감정과 욕구를 충분히 받아주지 못하고, 반복적으로 부정적인 경험을 하게 되면, 아이의 뇌와 정서에 부정적인 흔적이 남을 수 있다. 실제로 어린 시절 부정적 양육 경험이 성인이 되어서까지 영향을 미친다는 연구 결과도 많다. 어린 시절 부모와의 관계에서 충분히 안아주는 경험을 한 아이는, 이후에도 타인과의 관계에서 신뢰와 안정감을 느끼며 성장할 수 있다.

따라서 만 3세 이후부터는 부모가 아이의 행동을 조절하고 습관을 길러주는 데 더 적극적으로 나설 필요가 있다. 하지만 훈육을 할 때 아이의 의도와 감정을 충분히 이해하지 않고, 결과만 가지고 지적한다면, 아이는 점점 자신감이 떨어지고 의존적인 성향이 강해질 수 있다. 만 3세에서 6세까지는 부모의 인내와 공감이 무엇보다 중요하다. 이 시기에는 아이의 자존심을 지켜주면서, 위험하거나 잘못된 행동에 대해서는 결과를 설명해 주고, 왜 그런 행동을 하지 말아야 하는지 대화로 알려주는 것이 좋다. 아이가 자기 행동에 책임을 느끼기 시작하는 만 5세 이후에는 약속과 칭찬, 그리고 일관된 상벌로 긍정적인 행동을 강화할 수 있다.

부모가 아이의 행동을 바꾸기 위해서는, 아이의 내면에 귀 기울이고, 감정과 욕구를 이해해 주는 환경을 만들어 주는 것이 가장 중요하다. 아이가 부모와의 관계에서 신뢰와 안정감을 느낄 때, 자연스럽게 긍정적인 행동과 습관도 자리 잡게 된다. 부모와의 관계에서 충분히 안아주는 경험을 한 아이는, 이후에도 타인과의 관계에서 신뢰와 안정감을 느끼며 성장할 수 있다. 아이의 행동을 바꾸는 것은 단순히 지적이나 훈계로 이루어지는 것이 아니라, 아이의 마음을 이해하고, 감정을 수용해 주는 따뜻한 환경에서 자연스럽게 이루어진다.

이 과정에서 부모 역시 자신의 감정과 행동을 돌아볼 필요가 있다. 부모가 자신의 감정을 잘 다스릴 수 있을 때, 아이의 감정도 더 잘 받아들일 수 있다. 아이의 행동을 바꾸고 싶다면, 먼저 부모 자신이 아이의 감정과 욕구를 이해하고, 아이가 안전하게 자신의 마음을 표현할 수 있도록 기다려주는 태도가 필요하다. 이런 환경에서 자란 아이는, 자신의 감정을 솔직하게 드러내고, 타인과의 관계에서 신뢰와 애착을 형성하며, 건강하게 성장할 수 있다.

1. 행동 뒤에 숨은 마음을 들어주기

아이들의 문제행동에는 반드시 그만한 이유가 있다. 수많은 연구에서 밝혀진 것처럼, 낮은 자아개념, 가정 내의 갈등, 아동학대, 부모의 부정적 양육 태도, 경제적 어려움, 언어폭력, 태아기 환경, 불안정한 애착, 심리적 불안, 희망의 상실, 폭력의 경험, 부모의 역할 모델 등 다양한 요인이 복합적으로 작용한다. 문제행동의 원인은 한 가지로 단정할 수 없고, 아이의 성장 과정에서 여러 요소가 서로 영향을 주고받으며 쌓여온 결과다.

이런 문제행동의 원인은 크게 세 가지로 나눌 수 있다.

첫째, 아이 자신에게 원인이 있는 경우다. 신체적 결함이나 신경 발달의 지연, 유전적 기질 요인, 감정 조절의 어려움, 낮은 자아존중감 등 아이 내부의 특성이 문제행동으로 나타날 수 있다. 예를 들어, 주의력 결핍이나 충동성, 감정 표현의 미숙함이 반복적인 문제행동으로 연결되기도 한다. 아이가 자신의 감정을 제대로 설명하지 못할 때, 행동으로 신호를 보내는 경우가 많다. 이때 어른이 아이의 신호를 민감하게 받아들이지 못하면, 아이는 점점 더 강하게 행동으로 자신의 마음을 드러내려 한다.

둘째, 아이를 둘러싼 환경적 요인이다. 가정 내의 불안정한 분위기, 부모의 양육 스트레스, 일관성 없는 양육 태도, 부모의 우울이나 부부 갈등, 또래관계의 어려움, 지역사회 환경 등 아이가 성장하는 환경의 영향이 크다. 특히 부모와의 관계에서 충분히 감정이 받아들여지지 않거나, 따뜻하게 안아주는 경험이 부족할 때, 아이는 불안정한 정서 상태를 행동으로 표현한다. 영아기부터 부모와의 애착이 안정적으로 형성되지 않으면, 아이는 주변 사람들과의 관계에서도 신뢰를 느끼기 어렵고, 자신의 감정을 조절하는 데 어려움을 겪는다. 부모가 일관성 없이 반응하거나, 아이의 감정을 무시하고 억누르는 환경에서는 아이의 불안이 쌓이고, 이런 불안이 다양한 문제행동으로 나타날 수 있다.

셋째, 부모 자신의 심리적 어려움이나 양육 태도의 문제다. 부모가 우울하거나 스트레스를 많이 받고 있을 때, 혹은 자신의 감정을 조절하지 못할 때, 아이의 행동을 민감하게 받아들이지 못하고 일방적으로 훈육하거나 지적하게 된다. 이럴 때 아이는 자신의 감정이 받아들여지지 않는다는 불안감에 더 과격하거나 반복적인 행동을 보일 수 있다. 부모가 자신의 문제를 해결하지 못한 채 아이에게만 완벽함을 요구하면, 아이는 점점 더 불안해지고, 부모의 기대에 맞추기 위해 억지로 행동을 바꾸거나, 반대로 더 강하게 저항하는 모습을 보이기도 한다.

문제행동의 원인을 이해하려면, 무엇보다 아이의 내면에 귀 기울이는 태도가 필요하다. 아이가 보이는 행동은 단순한 반항이나 버릇이 아니라, 자신의 욕구가 채워지지 않았다는 신호다. 예를 들어, 아이가 떼를 쓰거나 소리를 지를 때, 그 행동 뒤에는 '나를 좀 더 봐달라', '내 마음을 알아달라'는 간절한 바람이 숨어 있다. 그런데 어른이 이런 신호를 무시하고 혼내기만 하면, 아이는 두려움과 불안이 커지고, 점점 더 부정적인 행동을 반복하게 된다.

실제로 아이의 행동을 바꾸고 싶다면, 먼저 "아이가 지금 무엇을 원하고 있을까?", "이 행동의 진짜 이유는 뭘까?"를 생각해 보는 것이 중요하다. 대화를 통해 아이의 욕구와 감정을 들어주고, 아이가 느끼는 불안이나 외로움, 분노를 인정해 주는 과정이 필요하다. 예를 들어, 아이가 갑자기 바닥에 드러누워 울 때, "왜 저러지?"라고만 생각하지 말고, "혹시 오늘 힘든 일이 있었나?", "지금 배가 고픈가?"처럼 아이의 입장에서 한 번 더 생각해 보는 것이다.

이런 접근은 단순히 문제행동을 고치기 위한 기술이 아니라,

아이의 내면에 '안아주는 환경'을 만들어 주는 일이다. 부모가 아이의 감정과 욕구를 민감하게 받아들이고, 기다려주는 태도를 보일 때, 아이는 점차 자신의 감정을 조절하고, 타인과의 관계에서 신뢰와 안정감을 느끼게 된다. 이런 경험이 쌓이면, 아이는 자신의 감정을 더 명확하게 인식하고, 적절하게 표현하는 능력을 키울 수 있다.

하지만 현실에서는 부모도 힘들다. 반복되는 문제행동에 지치고, 화가 날 때도 많다. 가끔은 아이를 혼내고 나서도 "왜 이렇게까지 해야 하나?"라는 생각이 들기도 한다. 그렇다고 해서 체벌이나 폭력적인 언어로 아이를 다그치면, 아이는 부모로부터 버림받을지 모른다는 불안감에 더 불안해지고, 행동은 오히려 더 과격해질 수 있다. 실제로 고집을 피우거나 막무가내로 떼를 부리는 아이에게 타이르기도 하고, 겁을 주기도 하지만, 뜻대로 되지 않는 경우가 많다. 결국 부모가 입장을 바꿔서, 일방적으로 기준을 강요하지 않고 대화를 통해 아이의 행동을 바꾸기로 마음먹었을 때, 아이는 훨씬 더 안정감을 찾게 된다.

문제행동이 반복될 때는, 때로는 잠시 거리를 두고 무관심하게 지켜보는 것이 효과적일 때도 있다. 아이는 "왜 나에게 관심이 없지?", "어떻게 하면 엄마가 다시 나를 봐줄까?"를 고민하게 되고, 결국 부모가 원하는 행동을 하려는 시도를 하게 된다. 이런 과정은 자주 야단치던 부모에게는 쉽지 않지만, 화가 났을 때 참는 연습, 아이를 한두 번 안아주었다고 해서 금방 달라지지 않는다는 점을 받아들이는 인내가 필요하다. 아이는 부모의 지속적인 관심과 기다림 속에서 조금씩 변한다.

또한 아이의 행동을 바꾼다고 해서 부모만 일방적으로 희생해야 하는 것은 아니다. 때로는 아이의 문제행동이 반복될 때마다 "왜 이렇게 해도 소용이 없지?"라는 생각이 들 수 있다. 그러나 아이의 행동은 한번에 바뀌지 않는다. 부모가 꾸준히 아이의 마음을 이해하려 하고, 감정에 공감하며 대화를 시도하면, 아이도 조금씩 변화를 보인다. 아이가 자신의 감정과 욕구를 솔직하게 표현할 수 있는 환경, 그리고 부모가 그 마음을 받아주고 기다려주는 시간이 쌓일수록, 아이는 점차 긍정적인 행동을 배우고, 건강한 관계를 맺게 된다.

결국, 아이의 문제행동을 바라볼 때는 단순히 행동만을 고치려 하기보다, 그 행동 뒤에 숨은 원인과 아이의 마음을 먼저 들어주려는 노력이 필요하다. 아이의 행동을 바꾸는 첫걸음은, 문제의 원인을 찾으려는 진심 어린 태도와, 아이의 마음에 귀 기울이는 공감에서 시작된다. 그리고 이런 과정 속에서 아이는 부모와의 관계에서 신뢰와 안정감을 경험하며, 점차 스스로를 조절하는 힘을 키워간다.

2. 확실하게, 아이가 이해할 언어로 전달하기

아이의 문제행동을 바꾸기 위해서는 단순히 사랑과 관심만으로는 충분하지 않다. 물론 아이의 내면에 귀 기울이고 따뜻하게 감정을 받아주는 것이 기본이지만, 실제로 행동의 변화를 이끌어내기 위해서는 부모의 의사표현 방식이 매우 중요하다. 많은 부모들이 아이와 대화를 통해 문제를 해결하려고 하지만, 막상 대화의 방식에 있어서는 원칙을 지키지 못하는 경우가 많다. 특히 아이가 잘못된 행동을 했을 때, 이를 어떻게 지적하고 안내할 것인지는 양육의 질을 결정짓는 중요한 요소다.

아이들은 아직 추상적인 개념이나 은유, 상징을 이해하는 능력이 충분히 발달하지 않았다. 아이가 엄마의 말을 제대로 이해하려면, 눈으로 보고 손으로 만질 수 있는 구체적인 언어로 전달해야 한다. 예를 들어 "똑바로 해!"라는 말은 어른에게는 명령이나 경고로 들릴 수 있지만, 아이에게는 무엇을 어떻게 해야 하는지 전혀 감이 오지 않는다. 아이가 받아들이는 것은 말의 억양과 분위기, 엄마의 표정뿐이고, 실제로 어떤 행동을 바꿔야 하는지 알지 못한 채 혼란스러워한다.

이처럼 모호하고 애매한 표현은 아이에게 혼란만 줄 뿐만 아니라, 부모가 기대하는 행동이 무엇인지 명확히 알지 못하게 만든다. 예를 들어, 엄마가 "너, 오늘도 약속을 안 지키면 좋지 않을 거야."라고 말했을 때, 아이는 '좋지 않다'가 구체적으로 무엇을 의미하는지 알지 못한다. 불안한 감정만 남고, 실제로 어떤 결과가 따라오는지, 무엇을 해야 하는지 알지 못하기 때문에 행동의 변화로 이어지지 않는다. 아이는 결국 자신이 하고 싶은 대로 행동하게 되고, 부모는 또다시 실망과 분노를 반복하게 된다.

단호하고 구체적으로 표현한다는 것은, 아이가 실제로 무엇을 해야 하는지, 어떤 결과가 따르는지 명확하게 알려주는 것이다. 예를 들어, "약속을 지키지 않으면 오늘은 만화를 볼 수 없어. 네가 약속을 지킬 때까지 만화는 보지 못해"처럼 구체적으로 말해 주면, 아이는 자신의 행동이 어떤 결과를 가져오는지 이해하고, 부모가 무엇을 기대하는지 분명히 알 수 있다. 이렇게 해야 아이가 선택의 기준을 갖게 되고, 스스로 행동을 조절할 수 있는 힘이 생긴다.

이 과정에서 부모의 태도 역시 중요하다. 단호함은 감정적으로 화를 내거나 위협하는 것이 아니라, 아이의 행동에 대해 분명하고 일관성 있게 기준을 제시하는 것이다. 부모가 자신의 감정에 휘둘리지 않고, 아이의 행동에 집중해서 구체적으로 안내해 주면, 아이는 부모와의 관계에서 안정감을 느낀다. 이 안정감은 위니컷이 강조한 '안아주는 환경'의 핵심이다. 아이는 부모가 자신의 행동을 정확하게 이해하고, 그에 맞는 반응을 해준다는 신뢰를 쌓으면서 점차 자기조절 능력을 발달시킨다.

또한 구체적이고 단호한 표현은 아이의 자율성과 책임감을 키우는 데에도 도움이 된다. 아이는 명확한 기준과 결과를 경험하면서, 점차 자신의 행동에 대해 책임을 지는 법을 배운다. 예를 들어, "저녁 먹기 전에 장난감을 치우지 않으면, 오늘은 장난감을 더 이상 가지고 놀 수 없어"라고 말하면, 아이는 자신의 선택에 따라 결과가 달라진다는 것을 자연스럽게 익히게 된다.

실제 사례를 들어보자. "엄마, 나 이거 해도 돼?"라고 묻는 아이에게, "알아서 해"라고 애매하게 대답하면 아이는 허용인지 금지인지 헷갈린다. 반면 "지금은 밥 먹을 시간이니까, 밥 먹고 나서 놀자"라고 분명히 말하면 아이는 상황을 이해하고, 부모의 기대에 맞춰 행동할 수 있다.

단호하다는 것은 감정적으로 밀어붙이거나 위협하는 것이 아니라, 아이가 이해할 수 있는 언어로 부모의 생각과 기준을 명확하게 전달하는 것이다. 이 과정에서 부모는 아이의 감정을 무시하지 않고, 아이가 혼란스럽지 않도록 일관성 있게 반응해야 한다. 이렇게 단호하고 구체적으로 표현하는 습관이 쌓이면, 아이는 점차 자신의 행동을 조절하는 힘을 키우고, 부모와의 관계에서도 신뢰와 안정감을 느끼게 된다.

결국, 아이의 문제행동을 바꾸고 싶다면, 모호하고 추상적인 말 대신 구체적이고 단호한 언어로 아이에게 기대와 기준을 알려주는 것이 중요하다. 아이는 부모의 명확한 안내 속에서 자신이 무엇을 해야 하는지, 어떤 행동이 바람직한지 배워간다. 이런 경험이 반복될수록 아이는 점차 자기 조절력과 책임감을 갖춘 아이로 성장하게 된다. 부모가 아이에게 주는 단호하고 구체적인 표현은, 아이의 내면에 안전한 경계와 신뢰를 심어주는 첫걸음이 된다.

3. 하지 말라는 잔소리보다 어떻게 하면 좋은지를 알려주기

아이들은 부모로부터 반복적으로 부정적인 말을 듣게 되면, 자신이 기대에 미치지 못한다고 느끼거나, 점점 자신을 부족하고 가치 없는 존재로 여기기 쉽다. 이런 감정이 쌓이면 자신감이 떨어지고, 좌절하거나 부모와의 관계에서 점점 멀어질 수 있다. 부정적인 메시지는 단순히 기분을 상하게 하는 데 그치지 않고, 수치심, 분노, 모욕감, 자신감 저하 등 다양한 부정적 정서를 남긴다. 아래 표는 부정적인 메시지의 사례와 그에 따라 아이가 받는 느낌을 정리한 것이다.

구분	부정적인 메시지의 사례	아이가 받는 느낌
강요, 지시, 명령하는 말	"야! 이것 좀 치워!" "오늘 오후까지 반드시 이걸 다 해야 해!"	저항감, 적개심 유발, 친밀감 상실
경고, 위협하는 말	"엄마 말대로 하는 게 좋을 걸. 안 그러면 너에게 별로 좋지 않을 거야!" "너, 그따위 행동 다시 한번 해봐!"	창피함, 당혹감, 저항감

구분	부정적인 메시지의 사례	아이가 받는 느낌
당부, 설교, 도덕적 행동을 요구하는 말	"너도 이제 다 컸으니, 자기가 맡은 일은 스스로 해야지!"	도전, 분노, 수치심, 모욕감
충고, 설득하는 말투	"그런 일은 엄마와 의논해야 하는 거 아니야?"	수치심, 모욕감
심리분석의 말투	"네가 그럼 그렇지. 그럴 줄 알았다니까." "너 지금까지 놀고 있었지", "집에서도 형편없지."	창피함, 수치심, 사기 저하, 모욕감
평가, 비판, 우롱하는 말투	"아직 많이 배워야겠구나." "그 정도밖에는 안 되니?"	반항심, 자존심 손상, 자기비하적, 자신감 상실
둘러대거나 관심을 전환시키는 말투	"넌 몰라도 돼." "그럴 일이 좀 있어."	불신감
비교하는 말투	"다른 사람은 잘하는데 왜 너는 그 모양이야."	수치심, 부끄러움, 시기심 유발

이처럼 부정적인 대화는 아이의 기분을 상하게 할 뿐 아니라, 창피함, 자신감 저하, 당혹감, 심지어는 분노나 모욕감까지 불러일으킨다. 부모가 잘못을 지적하는 의도였더라도, 아이는 이를 인격적 공격으로 받아들이고 마음의 문을 닫게 된다. 더 나아가, 부모의 비난이나 부정적인 말은 아이가 타인에게도 상처 주는 말을 해도 된다는 잘못된 신념을 심어줄 수 있다. 결국 부모의 부정적인 대화는 자신의 잘못된 행동을 바로 잡으려는 노력으로 보지

않고 인격적 공격으로 받아들이게 되고, 부모와의 관계에서 신뢰와 친밀감이 약해진다.

이런 부정적인 언어가 반복되면, 아이는 부모와의 관계에서 정서적 안정감을 느끼지 못하고, 내면에 불안과 위축이 쌓인다. 부모의 말과 태도에서 따뜻한 수용과 존중을 경험하지 못하면, 아이는 자신의 감정과 행동을 솔직하게 드러내기 어렵고, 점차 방어적으로 변한다. 반면 부모가 아이의 감정을 존중하고 공감하며, 실수와 실패조차도 받아주는 분위기를 만들어 주면, 아이는 자신이 안전하다고 느끼고, 자신의 감정을 자유롭게 표현할 수 있다. 이런 환경은 아이가 자기 자신을 긍정적으로 받아들이고, 타인과의 관계에서도 신뢰와 안정감을 느끼며 성장하는 데 중요한 밑거름이 된다.

따라서 아이의 부정적인 면에만 초점을 맞추지 말고, 따뜻하고 공감하는 표현을 통해 긍정적인 방향을 제시하여 행동의 변화를 요구해야 한다. 아이의 행동을 바꾸고 싶을 때, 하지 말라는 말보다는 무엇을 하면 좋은지, 어떻게 행동하면 서로가 기분이 좋은지 알려주는 것이 훨씬 효과적이다. 긍정적인 피드백과 격려는 아이가 자신감과 자존감을 갖고 스스로 문제를 해결하려는 힘을 키우는 데 큰 역할을 한다. 존중과 이해, 공감이 바탕이 된 의사소통은 아이가 자신의 감정을 솔직하게 표현하고, 부모와의 관계에서 안정감을 느끼는 데 필수적이다. 이런 환경에서 자란 아이는 점차 독립성과 자율성을 키우며, 자신만의 속도로 성장할 수 있다.

부모가 아이에게 긍정적인 방향을 제시하는 언어를 꾸준히 사용하면, 아이는 부모와의 관계에서 안정감과 신뢰를 쌓으며 건강하게 성장할 수 있다. 긍정적인 피드백을 자주 경험한 아이는 어려움이 닥쳤을 때도 좌절하지 않고, 스스로 해결책을 찾는 힘을 기르게 된다. 결국, 아이의 행동을 바꾸고 싶다면 부정적인 말 대신 긍정적인 방향을 제시하는 대화가 필요하다. 아이의 감정과 욕구를 존중하고, 따뜻하게 격려해 주는 부모의 태도가 아이의 건강한 성장과 행복의 밑거름이 된다. 부모의 긍정적인 언어는 아이의 내면에 안전함과 신뢰를 심어주고, 자기 조절력과 책임감을 갖춘 아이로 성장할 수 있도록 돕는다.

4. 감정보다 진심으로 다가가기

아이에게 행동의 변화를 원할 때, 무엇을 말하느냐만큼이나 어떻게 말하느냐가 중요하다. 엄마가 격앙된 목소리, 짜증 섞인 말투, 혹은 화난 표정으로 아이를 대하면, 아이는 자신의 행동이 잘못되었다는 사실보다 엄마의 감정에 더 집중하게 된다. "엄마가 또 화를 내네, 이번엔 얼마나 참아야 하지?" 하며 불안해지거나, "왜 자꾸 소리를 지르지?" 하며 반항심을 키우기도 한다. 특히 남들 앞에서 흥분해서 아이를 지적할 때는 아이의 자신감이 크게 떨어지고, 엄마와의 신뢰도 약해질 수 있다.

이런 상황이 반복되면 아이는 점점 엄마의 말에 귀를 기울이지 않게 되고, 행동의 원인이나 결과보다는 엄마의 감정 변화에만 예민해진다. 엄마가 흥분해서 소리를 지르거나 감정을 조절하지 못할 때, 아이는 '내가 정말 뭘 잘못했는지'보다 '엄마가 왜 이렇게 화를 내는지'에 더 신경을 쓰게 된다. 이런 경험이 쌓이면 아이는 점차 엄마와의 대화를 피하거나, 스스로를 방어하기 위해 거짓말을 하거나 자기 중심적으로 변할 수 있다. 결국 부모와의 심리적 거리감이 커지고, 애착관계도 약해지며, 아이의 정서적 안정감이 흔들리게 된다.

차분하게 말하는 태도는 아이에게 안정감을 준다. 부모가 자신의 감정을 잘 조절하고, 이성적으로 아이의 행동을 바라보며 차분하게 말할 때, 아이는 부모의 말을 위협이나 공격이 아니라, 자신을 위한 진심 어린 조언으로 받아들인다. 예를 들어, 식당에서 아이가 뛰어다닐 때 "그게 무슨 짓이야!"라고 소리치는 대신, "다른 사람들이 불편해하시잖아. 엄마는 네가 다칠까 봐 걱정돼. 그러니 엄마 옆에 앉아 있자"라고 부드럽게 말하면, 아이는 엄마의 감정이 아니라 상황과 자신의 행동에 집중하게 된다.

이렇게 부모가 차분하게 감정을 조절하는 모습을 보이면, 아이 역시 부모를 따라 자기 감정을 조절하는 힘을 키우게 된다. 실제로 엄마가 감정 조절을 잘 하고 인지적으로 여유를 가지면, 아이는 문제행동이 줄고, 감정 조절력과 자기 조절력이 발달한다. 부모의 차분한 태도는 아이의 뇌 발달에도 긍정적인 영향을 미친다. 부모가 자상하고 안정적으로 반응할 때, 아이의 뇌에서는 스트레스를 이기고 분노를 조절하는 연결이 만들어진다. 이런 경험이 반복되면 아이는 점차 자신의 감정을 조절하고, 공감 능력과 자기 이해력을 키우게 된다.

차분하게 말하는 것은 단순히 감정을 억누르는 것이 아니라, 아이의 입장을 고려하면서도 부모로서의 기준과 기대를 분명하게 전달하는 것이다. "엄마가 네 행동에 실망했어. 하지만 네가 어떻게 하면 좋을지 같이 생각해 보자"처럼 차분하면서도 단호하게 말하는 태도는 아이에게 신뢰와 안정감을 준다. 이런 대화 속에서 아이는 자신의 감정과 행동을 솔직하게 드러낼 수 있고, 부모와의 관계에서 안전함을 느끼게 된다.

이 과정에서 부모가 자신의 감정을 조절하지 못하고 흥분하게 되면, 아이는 부모의 감정 폭발에 적응하려 하거나, 반대로 더 강하게 저항하는 모습을 보이기도 한다. "엄마는 또 화났으니까 조금만 기다리면 지나가겠지" 하며 상황을 견디거나, "왜 나만 혼나야 하지?" 하며 억울함을 쌓기도 한다. 이런 경험이 반복되면 아이는 점점 부모의 감정에 따라 자신의 행동을 결정하게 되고, 자신의 감정이나 욕구는 억누르게 된다. 반면, 부모가 차분하게 감정을 다스리고, 아이의 감정을 존중해 주면, 아이는 자신의 감정도 소중히 여기고, 타인과의 관계에서도 감정을 건강하게 표현할 수 있게 된다.

이런 환경은 아이가 실수나 실패를 두려워하지 않고, 자신의 감정을 솔직하게 표현할 수 있는 힘을 키우는 데 큰 도움이 된다. 부모가 흥분하지 않고 차분하게 아이를 대할 때, 아이는 자신의 감정이 존중받는다는 경험을 하게 되고, 스스로 감정을 조절하는 능력을 키우게 된다. 이런 일상적인 경험의 축적이 아이의 내면에 "내가 어떤 실수를 해도 엄마는 나를 받아줄 거야"라는 신뢰를 심어주고, 아이가 성장하면서 타인과의 관계에서도 건강한 애착과 공감 능력을 갖추게 한다.

이 과정은 아이의 내면에 '안아주는 환경'을 만들어 주는 것과 같다. 부모가 자신의 감정에 휘둘리지 않고, 아이의 감정과 욕구를 받아들이며 차분하게 반응할 때, 아이는 자신의 감정을 안전하게 표현할 수 있다고 느끼게 된다. 이런 경험이 반복될수록 아이는 부모와의 관계에서 신뢰와 안정감을 쌓고, 자기 조절력과 공감 능력을 키운다.

엄마가 자녀의 행동을 지적하는 일은 엄마나 아이 모두에게 부담되는 일이다. 엄마는 아이에게 부정적인 이야기를 해야 한다는 부담감이 있고, 아이는 엄마에게 화내는 소리를 듣게 되기 때문이다. 그러나 이러한 부담감 때문에 해야 할 지적을 하지 않는 것은 오히려 더 큰 문제를 가져온다. 그래서 하기는 해야 하지만 너무 자주 하는 것은 좋지 않을뿐더러 하더라도 한 번에 효과를 봐야 한다. 그러기 위해서는 지적하는 엄마의 말에는 아이가 말을 들어야 한다는 단호하고 확고한 기대가 배어 있어야 한다. 또한 전달하는 최상의 방법은 목소리로 차분하게 말하여 아이에게 하는 말이 진심이라는 것을 보여 주어야 한다. 이때 부모의 양육 효능감이 올라가고, 아이 역시 부모의 기대와 신뢰를 느끼며 스스로 행동을 바꿀 수 있는 힘을 키우게 된다.

결국, 아이의 행동을 바꾸고 싶을 때는 먼저 부모가 자신의 감정을 조절하고, 차분하게 아이와 대화하는 태도를 갖추는 것이 중요하다. 한 번의 실수나 잘못에 흥분해서 소리를 지르기보다, 아이의 입장을 이해하고, 상황을 설명하며, 단호하지만 따뜻하게 기대를 전달하는 것이 아이의 정서적 성장과 자기 조절력 발달에 훨씬 더 효과적이다. 이런 경험이 쌓일수록 아이는 부모와의 관계에서 깊은 신뢰를 느끼고, 스스로를 긍정적으로 바라보며 성장할 수 있다.

5. 짧고 명료한 한 마디의 힘

아이와의 대화에서 핵심만 간결하게 전달하는 것은 부모-자녀 관계의 신뢰와 소통의 질을 높이는 데 매우 중요한 역할을 한다. 아이가 엄마의 말을 주의 깊게 집중해서 들어주는 시간은 실제로 매우 짧다. 보통 3분 정도가 지나면 아이는 지루해하거나 집중력을 잃기 쉽다. 그래서 엄마는 3분 안에 서론, 본론, 결론을 모두 담아내는 대화법을 연습해야 한다. 이 짧은 시간 안에 대화의 핵심을 어떻게 전달할지 고민하고, 아이가 이해하기 쉬운 방식으로 명확하게 표현하는 것이 중요하다.

길게 설명하거나 반복적으로 잔소리를 하게 되면, 아이는 엄마의 말을 더 이상 귀 기울여 듣지 않고, 오히려 불필요한 정보에 지치거나 방어적으로 변한다. 엄마 역시 길게 말하다 보면 대화의 주제를 놓치거나, 감정이 섞여 본래의 의도와는 다른 메시지를 전달할 수 있다. 대화에도 급소가 있듯이, 효과적인 소통은 핵심을 정확히 짚어주는 데서 시작된다. 결론부터 말하는 것도 좋은 방법이다. "지금 장난감을 치워야 해"처럼 결론을 먼저 제시하면, 아이는 엄마가 무엇을 원하는지 명확히 알 수 있고, 대화의 목적에 집중하게 된다.

이런 명확하고 간결한 대화법은 아이의 자기 표현력과 문제 해결 능력을 키우는 데도 도움이 된다. 아이는 부모의 대화 방식을 그대로 따라 배우는 경향이 있기 때문에, 엄마가 핵심을 짚어 말하는 모습을 자주 보여 주면, 아이 역시 자신의 생각을 정리해서 말하는 습관을 자연스럽게 익힌다. 이는 학교나 친구 관계, 사회생활에서도 논리적으로 소통하고, 갈등 상황에서 효과적으로 의사를 표현하는 데 큰 자산이 된다.

대화의 핵심만 전달하는 것은 단순히 말을 줄이는 것이 아니라, 부모가 아이의 입장과 발달 단계를 고려해 꼭 필요한 메시지만을 전달하는 과정이다. 아이는 아직 추상적인 개념이나 복잡한 문장 구조를 충분히 소화하지 못한다. 그래서 구체적이고 짧은 문장, 명확한 요구, 한 번에 하나의 메시지를 전달하는 것이 효과적이다. 예를 들어, "지금은 TV를 끄고 숙제를 하자"처럼 행동과 이유를 간단하게 설명하면, 아이는 엄마의 기대를 쉽게 이해할 수 있다.

이 과정에서 부모는 자신의 감정이나 생각을 덧붙여 장황하게 설명하고 싶은 유혹을 느낄 수 있다. 하지만 아이의 집중력이 떨어진다는 점을 기억하고, 핵심에 집중하는 연습이 필요하다. "엄마가 왜 이렇게 말하는지 알겠지?"라며 거듭 확인하거나, "옛날에 엄마도 그랬단다"처럼 본론과 상관없는 이야기를 덧붙이면, 오히려 아이의 주의를 분산시키고, 대화의 효과를 떨어뜨릴 수 있다.

이런 간결한 대화법은 '안아주는 환경'을 만드는 데도 중요한 역할을 한다. 부모가 아이의 발달 특성과 감정 상태를 민감하게 읽고, 아이가 부담 없이 받아들일 수 있는 방식으로 메시지를 전달할 때, 아이는 부모와의 관계에서 안정감과 신뢰를 느낀다. 핵심만을 전달하는 대화는 아이가 부모의 기대와 기준을 명확히 이해하게 하고, 불필요한 오해나 갈등을 줄여 준다. 이런 경험이 반복될수록 아이는 부모와의 관계에서 '내가 존중받고 있구나', '엄마가 내 입장을 이해해 주고 있구나'라는 감정을 갖게 된다.

실제로, 대화가 길어질수록 아이는 "엄마가 또 잔소리하네", "언제 끝나지?"라는 생각에 빠지기 쉽다. 이런 상황이 반복되면, 아이는 점점 부모의 말을 흘려듣거나, 대화 자체를 피하려고 한다. 반대로 엄마가 "지금은 장난감을 치워야 해. 그리고 치운 다음에 놀 수 있어"처럼 짧고 명확하게 말하면, 아이는 엄마의 기대를 쉽게 받아들이고, 행동으로 옮기기 쉽다. 이런 경험이 쌓이면, 아이는 스스로 핵심을 파악해 말하는 능력을 키우고, 자신의 감정과 생각을 명확히 표현할 수 있게 된다.

또한 핵심만을 전달하는 대화는 부모-자녀 사이의 갈등을 줄이고, 긍정적인 상호작용을 늘리는 데 효과적이다. 부모가 장황하게 설명하거나, 여러 가지를 한꺼번에 지적하면 아이는 혼란스러워지고, 무엇을 먼저 해야 할지 몰라 행동으로 옮기지 못한다. 반면, 한번에 한 가지, 핵심만을 전달하면 아이는 부모의 기대를 분명히 이해하고, 스스로 행동을 조절할 수 있는 힘을 기르게 된다.

이런 대화법은 아이의 자존감과 자기 조절력 발달에도 긍정적인 영향을 준다. 부모가 핵심만을 짚어주고, 아이가 그에 맞춰 행동할 수 있도록 기다려주면, 아이는 '내가 할 수 있다'는 자신감을 갖게 된다. 그리고 부모가 아이의 반응을 존중하고, 대화의 흐름을 아이에게 맞추어 나갈 때, 아이는 부모와의 관계에서 안정감과 신뢰를 느끼며, 자신의 감정을 자유롭게 표현할 수 있게 된다.

결국, 아이와의 대화에서 길게 말하지 않고 핵심만을 전달하는 것은, 부모가 아이의 발달 특성과 감정 상태를 존중하고, 신뢰와 안정감을 주는 관계를 만들어 가는 데 꼭 필요한 소통 방식이다. 이런 경험이 반복될수록 아이는 부모와의 관계에서 자신감을 얻고, 타인과의 관계에서도 건강하게 소통할 수 있는 힘을 키워나가게 된다.

6. 작은 약속이 작은 실천으로 이어지게 돕기

아이와의 대화에서 "예스"라는 대답을 얻어내는 것만으로는 충분하지 않다. 아이가 긍정적으로 대답을 해도 실제로 행동으로 옮기지 못하는 경우가 많다. 머리로는 이해하고 동의했지만, 막상 실천하려고 하면 "어떻게 해야 할지 모르겠어요", "자신이 없어요", "불안해요"와 같은 말을 하기도 한다. 이는 단지 의지의 문제가 아니라, 아이가 구체적으로 무엇을 어떻게 해야 하는지, 실행 방법을 잘 모르기 때문이다. 그래서 엄마는 아이가 결심한 마음을 행동으로 옮길 수 있도록 자세한 안내와 쉽게 실행할 수 있는 구체적인 방법을 함께 알려주어야 한다.

아이들이 행동을 바꾸고 싶어 하면서도 실제로 실천하지 못하는 데는 몇 가지 공통된 이유가 있다. 대표적으로 다음 네 가지로 정리할 수 있다.

① 관심도 없고 즐겁지도 않은 일을 하고 있다. 아이에게 동기와 목적이 없는 일은 아무리 "예스"라고 대답해도 행동으로 이어지기 어렵다. 예를 들어, 정리정돈을 하기로 약속했지만, 아이가 정리정돈의 필요성을 느끼지 못하거나 그 과정이 재미없다고 느끼면, 결심이 행동으로 연결되지 않는다. 이럴 때는 아이와 함께 그 일의 의미나 재미를 찾아주는 것이 중요하다. "정리정돈을 하면 네가 좋아하는 장난감을 더

쉽게 찾을 수 있어"처럼 아이의 관심과 연결시켜 동기를 부여해 주는 것이 효과적이다.

② 실패하지 않을까 하는 걱정과 불안을 안고 있다. 아이들은 새로운 행동을 시도할 때 실패에 대한 두려움을 크게 느낀다. "혹시 잘못하면 엄마가 실망하지 않을까?", "친구들이 나를 이상하게 보진 않을까?" 같은 생각이 행동을 가로막는다. 이런 불안은 아이의 마음을 움츠러들게 하고, 결국 행동으로 옮기는 용기를 꺾는다. 이럴 때 부모는 "실패해도 괜찮아, 엄마는 네가 시도한 것만으로도 기뻐"라고 말해주며, 실패도 성장의 일부임을 알려주는 태도가 필요하다. 부모가 아이의 불안과 두려움을 따뜻하게 받아주고, 실수해도 안전하다는 신뢰를 심어주는 것이 중요하다.

③ 자신감을 가질 수 없는 상황에 직면해 있다. 아이가 스스로 할 수 있다는 믿음이 부족하면, 아무리 머리로 이해하고 동의해도 행동으로 이어지지 않는다. "내가 해도 잘 안 될 것 같아", "엄마처럼 잘할 수 있을까?"라는 마음이 행동을 멈추게 한다. 이럴 때는 아이가 작은 성공을 경험할 수 있도록, 행동을 작은 단계로 나누어주고, 한 걸음씩 실천할 수 있도록 도와주는 것이 효과적이다. 아이가 조금이라도 행동에 옮겼을 때 "네가 스스로 해낸 게 정말 대단해"라고 인정해

주면, 아이의 자신감이 자라난다.

④ 본래 끝까지 해낼 끈기가 없다. 아이들은 처음에는 의욕적으로 시작해도, 시간이 지나면 쉽게 포기하거나 지루해할 수 있다. 꾸준히 해내는 힘, 즉 끈기가 부족한 경우다. 이럴 때는 부모가 아이의 노력을 지속적으로 격려해 주고, 과정 자체를 칭찬해 주는 것이 중요하다. "오늘도 조금씩 해보자", "어제보다 더 오래 해냈네"처럼, 결과보다는 과정에 초점을 맞춰 칭찬해 주면 아이는 점점 더 끈기를 갖고 행동을 이어갈 수 있다.

이 네 가지를 해결하고, 아이의 머릿속 이해와 마음속 동기가 일치하게 되면 실천력은 자연스럽게 생긴다. 부모가 아이의 감정과 동기를 세심하게 읽고, 아이가 스스로 할 수 있다는 신뢰를 심어주는 것이 핵심이다. 예를 들어, "네가 처음엔 힘들 수 있지만, 엄마가 옆에서 같이 해줄게", "실패해도 괜찮아, 다시 해보면 돼"처럼 아이의 불안과 두려움을 받아주고, 작게라도 행동으로 옮겼을 때는 "지금 네가 한 걸음 내디딘 게 정말 대단해"라고 인정해 주는 것이 중요하다. 이런 태도는 아이가 부모와의 관계에서 심리적 안전감을 느끼고, 실패에 대한 두려움을 줄이며, 도전할 수 있는 용기를 갖게 만든다.

실제로 아이가 "오늘부터 정리정돈을 잘할게요!"라고 말했을 때, "그래, 잘해봐"로 끝내지 않고, "그럼 지금 네 방에서 장난감부터 바구니에 넣어볼까?"처럼 구체적인 첫걸음을 제시해 주는 것이 필요하다. 아이가 막막해할 때는 작은 단위로 행동을 나누어주고, 하나씩 실천할 수 있도록 도와주는 것이 효과적이다. 그리고 아이가 직접 해보도록 기회를 주고, 잘했을 때는 충분히 칭찬해 주면, 아이는 점차 스스로 행동으로 옮기는 힘을 키운다.

이 과정에서 중요한 것은, 아이가 행동으로 옮기지 못하는 이유를 비난하거나 조급해하지 않는 것이다. 아이가 망설이거나 실패할 때, "왜 약속해 놓고 안 지켜?"라고 다그치기보다는, "처음엔 누구나 어려워. 엄마도 네가 한 번에 다 하길 기대하지 않아. 천천히 해보자"라고 격려하는 것이 아이의 자기효능감을 높인다. 아이가 작은 성공을 경험할 때마다, "네가 스스로 해냈구나! 이제 다음엔 조금 더 해볼 수 있겠네"라고 긍정적으로 피드백을 주는 것이 중요하다.

이런 양육 태도는 아이의 내면에 따뜻한 신뢰와 안정감을 쌓아준다. 부모가 아이의 감정과 욕구를 민감하게 읽고, 아이가 머리로 이해한 것을 실제 행동으로 옮길 수 있도록 현실적인 지원을 제공할 때, 아이는 "실패해도 괜찮아, 엄마(아빠)는 내 편이야"라는 신뢰를 갖게 된다. 이런 신뢰는 아이가 새로운 것에 도전하고, 시행착오를 겪으면서도 다시 시도할 수 있는 힘의 원천이 된다.

또한 아이의 행동 변화는 한 번의 대화나 약속으로 완성되지 않는다. 부모는 아이가 실제로 행동으로 옮길 때까지 반복적으로 확인하고, 필요한 지원을 아끼지 않아야 한다. 예를 들어, "오늘은 어떻게 정리했는지 보여 줄래?", "어려운 점이 있었으면 엄마랑 같이 이야기해 보자"처럼 지속적으로 관심을 가지고 점검하는 것이 필요하다. 아이가 행동으로 옮기지 못할 때는, "혹시 뭐가 어려웠어?"라고 물어보고, 해결 방법을 함께 찾아가는 과정이 중요하다.

그리고 아이가 행동을 바꾸는 데 성공했을 때는, 그 결과를 충분히 인정하고, 그 경험을 반복할 수 있도록 격려해야 한다. "네가 오늘 스스로 정리한 걸 보니 엄마가 정말 기뻐. 내일도 이렇게 할 수 있을 거야"라는 말 한마디가 아이에게 큰 동기와 자신감을 준다.

결국, 아이와의 대화에서 "예스"라는 동의를 얻는 것으로 끝내지 말고, 실제로 행동으로 옮길 수 있도록 구체적인 안내와 현실적인 지원, 그리고 반복적인 격려와 점검이 필요하다. 이런 경험이 쌓일수록 아이는 부모와의 관계에서 신뢰와 안정감을 느끼고, 점차 스스로 행동을 조절하고 책임지는 힘을 키워나가게 된다. 부모의 섬세한 안내와 따뜻한 지지가 아이의 실천력을 키우는 가장 든든한 토대가 된다.

7. 이기고 지는 싸움 대신 함께 찾는 해답

양육에서 엄마와 아이가 갈등 상황에 놓였을 때, 한쪽이 이기고 한쪽이 지는 방식이 반복되면 관계에 상처가 남기 쉽다. 엄마가 일방적으로 아이의 요구를 거절하거나, 반대로 아이가 떼를 써서 원하는 것을 얻는 상황이 계속되면, 결국 둘 다 만족스럽지 못한 감정만 남게 된다. 이런 상황에서 서로가 기분 좋게 마무리할 수 있는 방법이 바로 '무승부로 끝내라'는 접근이다.

무승부법은 단순히 어느 한쪽이 양보하거나 포기하는 것이 아니라, 엄마와 아이가 서로의 입장을 충분히 듣고, 가능한 해결 방법을 함께 찾는 과정이다. 예를 들어, 아이가 장난감을 사달라고 조르는 상황이 생겼을 때, 먼저 아이가 왜 그 장난감을 원하는지, 어떤 마음이 담겨 있는지 귀 기울여 듣는 것이 중요하다. 아이의 욕구와 감정을 인정해 주는 것만으로도 아이는 "내 마음을 엄마가 알아주고 있구나"라는 안정감을 느낀다. 이처럼 부모가 아이의 감정에 민감하게 반응하고, 아이의 욕구를 수용하는 태도는 아이가 부모와의 관계에서 신뢰와 심리적 안전을 경험하는 데 큰 역할을 한다.

그다음, 엄마도 자신의 입장을 솔직하고 차분하게 설명한다. 예를 들어 "지금은 장난감을 사줄 수 없는 이유가 있어. 하지만 네가 정말 그 장난감을 갖고 싶어 하는 마음은 이해해"라고 말하며, 서로의 입장을 좁혀 가는 대화를 시도한다. 이 과정에서 "지금 당장은 어렵지만, 다음 생일이나 특별한 날에 사줄 수 있을 것 같아"라든지, "비슷하지만 가격이 더 저렴한 장난감을 골라보는 건 어떨까?"처럼 현실적으로 실행 가능한 대안을 함께 찾아본다.

이렇게 합의된 해결책을 실행하면, 아이는 자신의 욕구가 완전히 무시당하지 않았다는 만족감을 느끼고, 엄마 역시 원칙을 지키면서도 아이와의 관계를 긍정적으로 유지할 수 있다. 서로가 조금씩 양보하고, 합의점을 찾는 경험은 아이에게도 중요한 배움이 된다. 아이는 자신의 감정과 욕구가 존중받는다는 경험을 통해, 타인과의 관계에서도 협상과 타협을 자연스럽게 익히게 된다. 이런 과정은 아이의 자기 조절력과 사회적 기술 발달에도 긍정적인 영향을 준다.

만약 엄마가 계속 사줄 수 없다고만 주장하다가 결국 아이의 떼쓰기에 밀려 장난감을 사주게 되면, 아이는 "떼를 쓰면 원하는 걸 얻을 수 있다"는 학습을 하게 되고, 문제행동이 반복될 가능성이 높아진다. 반대로 엄마가 일방적으로 거절만 하면, 아이는 자신의 감정이 받아들여지지 않는다고 느끼며, 부모와의 신뢰가 약해질 수 있다. 따라서 무승부법은 엄마와 아이 모두의 감정과 욕구를 존중하면서, 현실적인 해결책을 함께 모색하는 과정이 핵심이다.

이런 상호 존중과 협의의 경험은 아이의 내면에 "내가 소중하게 여겨지고 있다"는 감각을 심어준다. 부모가 아이의 입장을 진심으로 이해하고, 자신의 기준도 분명하게 전달하는 과정에서 아이는 심리적으로 안정감을 느끼고, 부모와의 관계에서 신뢰를 쌓아간다. 결국, 무승부법은 단순한 타협이 아니라, 부모와 아이 모두가 관계 안에서 존중받고 있다는 감정을 경험하게 해주는 건강한 양육의 한 방식이다

8. 내 마음을 말하는 용기 : 나-전달법

'나-전달법'은 부모가 자녀의 행동에 대해 자신의 감정과 생각을 솔직하게, 그리고 비난 없이 전달하는 효과적인 의사소통 방법이다. 자녀의 행동이 마음에 들지 않거나 바람직하지 않다고 느껴질 때, 많은 부모들은 "너는 왜 이렇게 말을 안 듣니?", "집에서 뛰지 말랬잖아!"와 같이 '너-전달법(You-message)'으로 반응하게 된다. 이런 방식은 아이에게 문제의 원인을 전가하고, 방어심과 저항감을 불러일으켜 부모의 말을 제대로 듣지 않게 만든다.

반면, '나-전달법(I-message)'은 부모 자신의 감정과 경험을 주어로 하여, "엄마가 중요한 전화를 하는데 네가 크게 떠들어서 상대방 말이 잘 안 들려서 조금 짜증이 났어", "엄마가 깜짝 놀랐어"와 같이 자신의 느낌을 솔직하게 표현한다. 이처럼 의미상의 주어가 '나'가 되면, 아이는 "엄마가 내 행동 때문에 불편했구나"라는 점을 자연스럽게 받아들이게 되고, 부모를 도와주고 싶은 마

음이 생기며 저항감이 줄어든다.

'나-전달법'의 핵심은 세 단계로 나눌 수 있다.

1. 받아들일 수 없는 행동에 대한 비난이나 평가 없는 객관적 서술
2. 그 행동이 부모에게 미치는 구체적 영향
3. 그 영향에 대한 부모 자신의 감정과 느낌 표현

예를 들어, 아이가 실내에서 뛰다가 엄마를 치고 지나갔다면, "너 왜 이렇게 조심성이 없니?" 대신 "아야, 엄마 옆구리가 아프구나. 갑자기 부딪혀서 깜짝 놀랐어"라고 말하는 것이다. 이렇게 하면 아이는 자신의 행동이 엄마에게 어떤 영향을 미쳤는지 이해하게 되고, 다음에는 더 조심하려는 태도를 갖게 된다.

이런 방식은 단순히 갈등을 줄이는 데 그치지 않는다. 부모가 자신의 감정과 욕구를 솔직하게 드러내면, 아이도 자신의 감정과 생각을 숨기지 않고 표현할 수 있는 용기를 얻게 된다. 이는 가족 내에서 정직하고 개방적인 대화 문화를 만드는 데 큰 역할을 한다. 부모가 "네 행동이 엄마를 힘들게 해"가 아니라 "엄마는 지금 좀 힘들어"라고 말할 때, 아이는 비난이 아닌 도움의 요청으로 받아들이고, 부모와의 관계에서 신뢰와 안정감을 느낀다.

이 과정에서 부모가 아이의 감정과 동기를 충분히 경청하는 것도 중요하다. 아이가 자신의 행동에 대해 설명할 기회를 갖고, 부

모 역시 자신의 감정을 솔직하게 말할 때, 서로에 대한 이해와 공감이 깊어진다. 특히 부모가 자신의 감정을 부드럽게 표현하고 아이의 감정도 존중하는 분위기를 만들면, 아이는 심리적으로 안전하다고 느끼고 자신도 감정을 건강하게 표현할 수 있게 된다.

또한 '나-전달법'은 아이의 자기 조절력과 책임감 발달에도 긍정적인 영향을 준다. 부모가 "엄마가 속상해"라고 말하면, 아이는 자신의 행동이 타인에게 어떤 영향을 미치는지 자연스럽게 배우고, 스스로 행동을 조절하려는 동기가 생긴다. 이런 경험이 반복될수록 아이는 타인과의 관계에서도 자신의 감정을 솔직하게 표현하고, 상대방의 감정도 존중하는 건강한 소통 방식을 익히게 된다.

이와 더불어, '나-전달법'은 토마스 고든의 부모효율성훈련(PET)에서도 강조되는 핵심 기법이다. 고든은 부모가 자신의 감정과 욕구를 명확하게 표현할 때, 아이가 방어적으로 변하지 않고, 문제 상황을 함께 해결하려는 태도를 갖게 된다고 보았다. 즉, '나-전달법'은 부모와 자녀 모두가 감정적으로 안전한 환경에서 상호 존중과 신뢰를 쌓아가는 데 매우 효과적이다.

결국, '나-전달법'은 부모가 자신의 감정, 생각, 바람을 솔직하게 드러내면서도 아이를 비난하지 않고, 아이의 자율성과 책임감을 키우는 건강한 소통 방식이다. 이런 대화가 반복될수록 가족 내 신뢰와 유대감이 깊어지고, 아이는 자신의 감정과 욕구를 긍정적으로 표현하는 힘을 키워 나가게 된다.

제3장

아이의 가능성에 날개를 달아주는 한마디

칭찬할 것이냐, 아니면 혼을 낼 것이냐. 아이가 무언가를 잘 못하거나 실수를 할 때, 엄마는 늘 고민에 빠진다. 못한다고 짜증을 내자니 아이의 기가 죽을까 걱정되고, 그렇다고 무조건 칭찬만 해주면 아이가 자기밖에 모르는 아이로 자랄까 불안하다. 이럴 때 딱맞는 정답은 없다. 하지만 한 가지 확실한 것은, 칭찬에는 아이의 자신감을 키워주는 힘이 숨어 있다는 점이다. 엄마가 자신을 인정해 주고 있다는 만족감은, 꾸중이나 화로는 해결할 수 없었던 문제를 풀어내는 열쇠가 되기도 한다. 그래서 칭찬은 자녀 양육에서 빼놓을 수 없는 중요한 부분이다.

칭찬이란, 누군가의 좋은 점이나 훌륭한 행동, 착한 마음을 높이 평가하는 말을 뜻한다. 어떤 상황에서, 어떤 말을, 어떻게 하느냐에 따라 칭찬의 효과는 크게 달라진다. 특히 말하는 사람이 엄마, 아빠, 선생님처럼 아이에게 중요한 위치에 있을수록 그 말의 힘은 더욱 커진다. 때로는 한마디 칭찬이 한 사람의 인생을 바꿔 놓기도 한다. 그만큼 칭찬은 대인관계나 자녀양육에서 큰 힘을 발휘하는 공감 코칭의 전략적 기술 중 하나다.

『칭찬은 고래도 춤추게 한다』는 책이 베스트셀러가 될 만큼, 칭찬의 힘에 주목할 필요가 있다. 짧은 칭찬 한마디가 고래의 일생을 바꿀 정도로 큰 힘을 발휘한다는 메시지는, 실제로 아이를 키우는 부모에게도 깊은 울림을 준다. 대화는 사람의 인생을 바꾸는 소중한 과정이고, 그 안에서 칭찬은 동기 유발의 가장 강력한 언어다. 아이는 물론 어른까지, 누구나 칭찬받고 싶은 욕구가 있다. 이 시대에는 칭찬을 잘하는 엄마가 더욱 필요하다.

하지만 아직도 많은 부모들이 칭찬하는 것이 어색하거나, 괜히 쑥스럽다고 느낀다. 혹시 칭찬만 하다 보면 아이가 버릇없어지지 않을까, 혹은 너무 자주 칭찬하면 그 효과가 떨어지지 않을까 걱정하기도 한다. 그러나 진심이 담긴 칭찬, 아이의 입장과 상황에 맞는 칭찬은 아이의 마음에 긍정적인 씨앗을 심어준다. 아이는 칭찬을 통해 자신의 존재가 소중하다는 느낌을 받고, 부모와의 관계에서 신뢰와 애착을 쌓게 된다.

아이에서 어른이 되는 성장의 주식은 음식과 칭찬이다. 몸을 키우기 위해서는 밥과 반찬을 먹어야 하고, 생각과 가치관을 키우기 위해서는 칭찬이라는 주식을 먹어야 한다. 생각과 가치관, 즉 창의성, 용기, 인내, 긍정적 사고 등 자신에게 주어진 다양한 능력들을 최대한 발휘하고 성장하여 다른 사람들과 공유할 수 있는 것은 바로 칭찬에서 시작된다. 칭찬은 그 사람의 가능성과 잠재력을 발견해 주는 동시에 그 능력을 더욱 키울 수 있도록 해주는 영양제 역할을 해준다.

또한 칭찬은 받아본 사람만이 진심으로 할 수 있고, 연습할수록 더 잘하게 된다. 칭찬을 잘하는 방법은 아이의 행동이나 성과뿐 아니라, 노력과 태도, 작은 변화까지도 인정하고 격려하는 것이다. 칭찬을 통해 아이는 자신이 성장하고 있다는 신호를 받고, 더 나은 자신을 향해 한 걸음씩 나아갈 수 있는 힘을 얻는다. 부모의 따뜻한 한마디 칭찬이 아이의 하루를 바꾸고, 때로는 인생 전체를 바꿔 놓을 수도 있다. 칭찬은 그만큼 강력하고, 아이의 성장에 꼭 필요한 양분이다.

칭찬은 받아본 사람만이 할 수 있으며 연습을 할수록 잘한다. 칭찬을 잘하는 방법은 다음과 같다.

1. 아이의 가능성을 여는 한마디

칭찬은 불가능을 가능하게 만드는 힘이 있다. 심리학에서 말하는 피그말리온 효과는, 누군가가 나를 믿고 기대를 걸어줄 때 그 기대에 부응하려는 마음이 생기고, 실제로 더 나은 모습으로 변화하게 된다는 원리를 설명한다. 아이가 어떤 일을 잘하지 못할 때, 엄마가 "넌 할 수 있어", "네가 노력하는 모습이 정말 멋져"라고 칭찬하고 격려해 주면, 아이는 점점 더 도전하고 싶은 동기를 얻게 된다. 이처럼 칭찬은 단순한 말 이상의 힘을 지닌다. 한 사람의 가능성을 일깨우고, 스스로 한계를 넘어서게 만드는 심리적 에너지의 원천이 된다.

칭찬이 대화에서 중요한 이유는, 칭찬과 공감이 아이에게 '나는 소중한 존재'라는 정서적 확신을 심어주기 때문이다. 아이는 엄마의 칭찬을 받으며 자신의 존재가 인정받는다는 깊은 만족감을 느낀다. 이 만족감은 단순히 기분이 좋아지는 데 그치지 않고, 아이가 스스로를 긍정적으로 바라보고, 새로운 도전에 용기를 내는 힘이 된다. 특히 아이가 어려움에 부딪혔을 때, 엄마가 "네가 여기까지 해낸 것도 대단해", "실패해도 괜찮아, 엄마는 네가 노력하는 걸 알고 있어"라고 말해주면, 아이는 불가능하다고 느꼈던 일에도 한 번 더 도전해 볼 용기를 갖게 된다.

이런 긍정적인 정서 경험은 아이의 내면에 안정감과 신뢰를 쌓아 준다. 부모가 아이의 작은 변화와 노력을 민감하게 알아보고, 그 순간을 놓치지 않고 칭찬해 줄 때, 아이는 자신이 사랑받고 있다는 확신을 갖게 된다. 이런 경험이 반복될수록 아이는 부모와의 관계에서 심리적으로 안전하다고 느끼고, 실패나 실수 앞에서도 좌절하지 않고 다시 일어설 수 있는 힘을 키운다. 이처럼 아이가 부모와의 관계에서 정서적 안정을 느끼고, 자신의 감정과 욕구가 존중받는다고 느낄 때, 아이의 내면에서는 스스로를 믿고 도전할 수 있는 용기가 자란다.

칭찬은 듣는 사람만을 위한 것이 아니다. 칭찬을 하는 사람 역시 상대방과의 신뢰와 유대감을 더 깊이 느끼게 된다. 엄마가 아이를 칭찬할 때, 아이와의 관계가 더 가까워지고, 서로를 더 좋은 존재로 인식하게 된다. 칭찬은 전염성이 강해서, 엄마의 칭찬을 받은 아이는 또래 친구를 칭찬하고, 이웃을 칭찬하며, 점차 스스로에 대한 긍정적인 태도까지 키워 나가게 된다. 이렇게 긍정적인 상호작용이 쌓이면, 아이는 또래와의 관계에서도 자신감을 갖고, 건강한 사회성을 발달시킬 수 있다.

결국, 칭찬은 아이의 가능성과 잠재력을 발견해 주고, 그 능력을 더욱 키울 수 있도록 해주는 최고의 영양제다. 칭찬을 통해 아이는 자신의 한계를 넘어서고, 불가능하다고 여겼던 일에 도전하는 용기와 힘을 얻는다. 부모가 아이의 작은 변화와 노력을 놓치지 않고 진심으로 칭찬해 줄 때, 아이의 내면에는 "나는 할 수 있다"는 믿음이 자라난다. 이런 믿음이 쌓일수록, 아이는 삶의 여러 도전 앞에서 주저하지 않고, 자신만의 길을 힘차게 걸어갈 수 있게 된다.

2. 평범함 속 소중함을 발견하기

칭찬을 시작할 때는 '평범하고 하기 쉬운 칭찬'부터 차근차근 실천하는 것이 좋다. 지금까지 칭찬에 인색했던 부모라면, 아이가 특별히 새로운 것을 해내지 않아도, 이미 잘하고 있는 평범한 행동부터 칭찬하는 연습을 해보자. 예를 들어 "밥을 남기지 않고 잘 먹었구나", "오늘도 일찍 일어났네", "장난감을 제자리에 잘 두었구나"처럼, 일상에서 쉽게 발견할 수 있는 행동을 그냥 지나치지 않고 칭찬하는 것이다. 이런 칭찬은 아이에게 "내가 하는 평범한 행동도 엄마가 알아주고 있구나"라는 감정을 심어주어, 아이의 마음에 따뜻한 안정감을 준다.

이런 '쉬운 칭찬'은 아이가 이미 잘하고 있는 일, 당연하게 여겨왔던 사소한 일부터 시작하는 것이 핵심이다. 평소에 별다른 주목을 받지 못했던 행동에 대해 부모가 관심을 갖고 칭찬해 주면, 아이는 자신이 부모의 시선 안에 있다는 것을 느끼고, 스스로를 긍정적으로 바라보는 힘을 키운다. 예를 들어, "매일 양치질을 잊지 않고 하는구나", "동생에게 먼저 챙겨줘서 고마워"처럼 구체적으로 칭찬해 주면, 아이는 자신의 일상이 소중하게 여겨진다는 안정감을 얻게 된다.

반대로, 평소에 잘하지 못했던 행동이나 고치기 어려운 습관에 대한 칭찬, 즉 '어려운 칭찬'은 조금 더 신중하게 접근해야 한다. 예를 들어, "오늘은 스스로 숙제를 시작했구나. 정말 대단해!"처럼 변화의 순간이나 특별한 노력이 보일 때 구체적으로 칭찬해 주는 것이다. 이런 어려운 칭찬은 아이에게 목표 행동을 명확히 제시해 주고, 그 행동이 이루어졌을 때 진심으로 인정해 주는 방식이다. 하지만 처음부터 어려운 칭찬만 시도하면, 부모도 부담을 느끼고 아이도 칭찬의 의미를 잘 받아들이지 못할 수 있다.

따라서 칭찬을 시작할 때는 쉽게 발견되는 것, 평소에 당연하게 여겼던 사소한 행동부터 하나하나 칭찬해 보는 것이 중요하다. 이런 작은 칭찬이 반복될수록, 아이는 부모의 시선이 늘 자신을 향하고 있다는 안정감과 신뢰를 느끼게 된다. 부모가 아이의 일상적인 행동을 민감하게 알아보고, 그 순간을 놓치지 않고 따뜻하게 인정해 줄 때, 아이는 자신의 존재가 소중하다는 감정을 내면에 쌓아간다. 이런 정서적 경험은 아이가 부모와의 관계에서 심리적으로 안전하다고 느끼고, 더 큰 도전이나 변화에도 자신감을 갖고 나아갈 수 있는 힘의 기반이 된다.

이렇게 평범한 칭찬이 쌓이면, 아이는 자신이 사랑받고 있다는 믿음을 키우고, 더 큰 성장과 변화를 향해 한 걸음씩 나아가게 된다. 부모가 작은 행동 하나하나를 놓치지 않고 칭찬해 줄 때, 아이는 자신의 일상과 존재 자체가 소중하다는 깊은 신뢰를 갖게 된다. 이런 경험이 반복될수록, 아이는 자신감을 바탕으로 새로운 일에도 도전할 수 있는 용기와 긍정적인 태도를 키우게 된다.

3. 구체적으로 칭찬하면 마음에 남는다

칭찬은 단순히 아이의 행동을 인정하는 것을 넘어, 행동에 대한 강력한 동기 부여의 역할을 한다. 아이가 어떤 목표를 향해 나아가길 바란다면, 그 행동이 하고 싶어지도록 동기를 심어주는 칭찬이 무엇보다 중요하다. 하지만 아무 맥락 없이 뜬금없는 칭찬은 오히려 아이에게 혼란이나 불신을 줄 수 있다. 그래서 부모는 구체적으로 아이가 한 행동에 대해 칭찬을 해주는 것이 바람직하다. 예를 들어, "오늘은 책을 다 읽고 제자리에 잘 꽂았구나. 엄마가 정말 기뻐.", "장난감을 다 놀고 나서 바구니에 넣었네. 네가 약속을 잘 지켜서 대견해"처럼, 행동의 결과와 이유를 명확히 언급해 주는 것이 효과적이다.

이렇게 구체적으로 칭찬을 하면, 아이는 자신의 행동과 칭찬 사이의 인과관계를 이해하게 된다. 단순히 "잘했어!"라는 말보다 "네가 친구에게 먼저 인사해서 엄마가 뿌듯했어", "스스로 숙제를 시작해서 대단하다"와 같이 칭찬의 이유를 분명히 말해주면, 아이는 앞으로도 그 행동을 반복하려는 동기를 갖게 된다. 부모가 바라는 행동 역시 구체적으로 언급해 주는 것이 좋다. 예를 들어 "읽고 난 책은 제자리에 꽂아놓자", "갖고 논 장난감은 다시 장난감바구니에 넣자"처럼, 아이가 무엇을 어떻게 해야 칭찬받을 수 있는지 명확하게 안내해 주면, 아이는 자신이 어떻게 행동해야 할지 혼란스럽지 않게 된다.

구체적인 칭찬은 아이로 하여금 자신의 노력이 인정받고 있다는 감정을 심어준다. 이는 아이의 자존감과 자기 효능감을 높이고, 스스로 긍정적인 행동을 반복할 수 있는 내적 동기를 키울 수 있게 한다. 아이는 "왜 칭찬을 받았는지"를 알게 되면, 같은 행동을 반복해서 칭찬받고 싶어 하며, 점차 자신의 행동을 스스로 조절하고 발전시키는 힘을 갖게 된다. 이런 과정에서 부모가 아이의 행동을 민감하게 관찰하고, 작은 변화와 노력을 놓치지 않고 인정해 주는 것은 아이의 내면에 안정감과 신뢰를 쌓아주는 역할을 한다.

또한 이런 방식은 아이가 부모와의 관계에서 심리적으로 안전하다고 느끼고, 자신의 감정이나 욕구도 솔직하게 표현할 수 있는 분위기를 만들어 준다. 부모가 구체적인 칭찬을 통해 아이의 긍정적인 행동을 발견하고, 그 이유를 설명해 줄 때, 아이는 자신이 소중한 존재임을 실감하게 되고, 앞으로도 더 나은 행동을 하려는 의지를 갖게 된다. 결국, 구체적인 이유를 담은 칭찬은 아이의 성장과 자기 주도적인 태도 형성에 가장 효과적인 동기 부여의 언어가 된다.

4. 결과 아닌 성장의 순간들을 마주보기

아이를 칭찬할 때는 단순히 성공한 결과만을 칭찬하기보다는, 그 과정에서 아이가 보여 준 노력과 태도를 인정해 주는 것이 훨씬 더 중요하다. 예를 들어, 아이가 엄마와의 약속을 잘 지켰을 때 단순히 "약속을 지켜서 기특하다"라고 결과만 칭찬하는 대신, "약속을 지키려고 애쓰는 모습이 정말 멋졌어", "네가 오늘도 꾸준히 노력하는 걸 보니 엄마가 뿌듯해"라고 과정에 주목해 칭찬해 주는 것이다. 이런 칭찬은 아이가 앞으로도 계속 잘할 수 있도록 내적 동기를 부여하고, 도전과 실패를 두려워하지 않는 태도를 기르는 데 큰 힘이 된다.

결과 중심의 칭찬만 반복되면, 아이는 늘 불안감을 느끼기 쉽다. 결과가 좋지 못할 때는 부모에게 인정받지 못했다고 생각하며, 새로운 시도나 도전을 꺼리게 된다. "결과만 중요하다"는 메시지가 반복되면, 아이는 과정의 소중함을 배우지 못하고, 오히려 실수나 실패를 숨기려 하거나 부모의 기대에만 맞추려는 행동을 하게 된다. 반면, "네가 힘들어도 끝까지 해내려고 애썼구나", "실패했지만 포기하지 않고 다시 시도하는 모습이 대단해"와 같이 과정에 초점을 맞춘 칭찬은 아이에게 자신이 노력하는 과정 자체가 충분히 가치 있고 인정받는 일임을 알려준다.

예를 들어, 글짓기 대회에 참가한 아이가 상을 받지 못했을 때, 엄마가 "상을 못 받아서 아쉽겠지만, 네가 매일 조금씩 글을 쓰려고 노력했던 게 엄마는 정말 자랑스러워. 그 과정에서 네가 얼마나 성장했는지 엄마는 알고 있어"라고 말해주면, 아이는 결과에 실망하기보다는 자신의 노력에 자부심을 느끼고 다음번에는 더 잘해보고 싶다는 의욕을 갖게 된다. 또, 문제를 풀다가 여러 번 실패했지만 끝까지 포기하지 않고 다시 도전한 아이에게 "정답을 맞힌 것도 멋지지만, 어려워도 계속 도전한 네 모습이 정말 대단해"라고 칭찬해 주면 아이는 자신이 노력한 과정에 대한 긍정적인 감정을 쌓게 된다.

이런 칭찬은 아이가 자신의 행동을 긍정적으로 평가하고, 앞으로도 긍정적인 행동을 계속하도록 격려하는 힘을 갖는다. 아이는 자신이 노력한 만큼 인정받았다고 느끼고, 결과가 좋지 않아도 좌절하지 않고 다음 도전을 준비할 수 있다. 예를 들어, 아이가 자발적으로 방을 정리했다면 “방을 깨끗하게 치운 결과도 멋지지만, 스스로 정리하려고 애쓴 점이 정말 자랑스러워”라고 말해주면, 아이는 책임감과 자기 주도성을 자연스럽게 키워간다.

과정을 칭찬하는 태도는 아이의 자존감과 자기 효능감을 높이고, 스스로 행동을 조절할 수 있는 능력을 발달시키는 데도 큰 역할을 한다. 부모가 아이의 작은 변화와 노력을 민감하게 알아보고, 그 순간을 놓치지 않고 인정해 줄 때, 아이는 자신의 내면적 가치를 깨닫고 자신감 있는 독립적인 개인으로 성장할 수 있다. 이런 경험이 반복될수록 아이는 실패를 두려워하지 않고, 새로운 도전을 즐기는 태도를 갖게 된다. 부모의 따뜻한 칭찬 한마디가 아이의 내일을 밝히는 빛이 된다는 사실을 기억하며, 오늘부터라도 아이의 노력과 과정을 진심으로 칭찬해 주는 습관을 실천해 보자.

5. 스킨십과 눈맞춤, 비언어적 칭찬의 힘

칭찬은 말로만 전할 때보다 몸으로 함께 표현할 때 훨씬 더 깊은 울림을 준다. 아이에게 "잘했어", "정말 기특하다"라고 말로 칭찬하는 것도 중요하지만, 그 말이 진심으로 전해지려면 따뜻한 스킨십과 비언어적 표현이 함께해야 한다. 아이의 손을 꼭 잡아주거나, 부드럽게 꼭 안아주고, 다정한 눈빛을 보내는 것만으로도 아이는 엄마의 사랑과 인정을 온몸으로 느낄 수 있다. 때로는 열 마디 말보다 손길 한 번, 포근한 포옹 한 번이 더 강렬하고 오래 남는 메시지가 되기도 한다.

특히 아이와 눈높이를 맞추고, 엄마가 몸을 아이 쪽으로 기울여 주는 순간, 아이는 자신이 존중받고 있다는 감정을 자연스럽게 경험한다. 엄마가 아이를 향해 몸을 구부려 껴안아 주거나, 머리를 쓰다듬어 주고, 등을 토닥여 주는 행동은 말로 다 표현하지 못하는 따뜻한 마음을 고스란히 전달한다. 이런 몸짓은 단순한 습관이 아니라, 아이의 내면 깊은 곳에 심리적 안정감과 신뢰를 심어주는 중요한 역할을 한다.

아이들은 아직 언어로 감정을 완벽하게 표현하거나 해석하는 데 한계가 있기 때문에, 부모의 비언어적 신호에 훨씬 더 민감하게 반응한다. 엄마가 따뜻하게 안아주고, 다정한 미소와 눈빛으로 아이를 바라볼 때, 아이는 자신이 사랑받고 있다는 확신을 갖게 된다. 이런 경험은 아이의 내면에 '나는 소중한 존재'라는 감정적 토대를 쌓아주고, 부모와의 관계에서 심리적인 안전지대를 만들어 준다. 부모가 아이의 감정과 욕구를 민감하게 읽고, 말뿐만 아니라 몸으로도 따뜻하게 반응할 때, 아이는 세상에 대한 신뢰와 자신감을 키우게 된다.

또한 몸으로 전하는 칭찬은 아이가 부모와의 애착을 더욱 깊게 느끼게 해준다. 아이가 실수했을 때나 힘들어할 때, 말로만 "괜찮아, 다시 해보자"라고 하는 것보다, 아이를 꼭 안아주며 "엄마는 네가 노력하는 걸 알고 있어"라고 말해주는 것이 훨씬 더 큰 위로와 용기를 준다. 이런 몸짓은 아이에게 "실패해도 엄마는 내 편이야", "내가 어떤 모습이든 사랑받고 있구나"라는 확신을 심어준다. 부모의 따뜻한 손길과 포옹, 눈맞춤은 아이의 정서적 안정과 자기 존중감을 키우는 데 결정적인 역할을 한다.

이처럼 말과 몸이 함께 어우러진 칭찬은 아이의 마음에 깊이 새겨지고, 아이가 앞으로도 긍정적인 행동을 반복할 수 있는 내적 동기를 만들어 준다. 부모가 아이의 작은 변화와 노력을 민감하게 알아보고, 말뿐 아니라 몸으로도 진심을 전할 때, 아이는 자신의 존재가 소중하다는 감정을 내면에 쌓아간다. 이런 경험이 반복될수록 아이는 부모와의 관계에서 심리적으로 안전하다고 느끼고, 더 큰 도전과 변화에도 자신감을 갖고 나아갈 수 있다. 결국, 말과 몸으로 함께 전하는 칭찬은 아이의 성장과 행복을 위한 가장 든든한 토대가 된다.

6. 놓치지 않고 바로 전하는 응원

칭찬의 효과를 극대화하려면 타이밍이 매우 중요하다. 아이가 칭찬받을 만한 행동을 했을 때, 그 즉시 칭찬을 해주는 것이 가장 큰 효과를 발휘한다. 예를 들어, 아이가 스스로 방을 정리했거나 동생을 챙겨줬을 때, "지금 방을 스스로 정리해서 정말 잘했어!", "동생을 먼저 생각해 줘서 엄마가 정말 기뻐"라고 바로 말해주는 것이 좋다. 이렇게 즉각적으로 칭찬을 들은 아이는 자신의 행동이 긍정적인 결과로 이어진다는 사실을 명확하게 인식하게 되고, 앞으로도 그 행동을 반복하려는 동기를 갖게 된다.

반면, 칭찬할 행동이 있었는데도 한참이 지난 후에야 칭찬을 하거나, 부모의 기분이 풀린 뒤에야 칭찬이 나온다면 아이는 혼란을 느낄 수 있다. "엄마가 기분이 좋아야 칭찬을 받는구나", "내가 뭘 잘했는지 기억도 안 나는데 왜 칭찬하지?"라는 생각이 들게 되고, 칭찬의 의미와 동기부여 효과가 크게 줄어든다. 아이의 시간 감각은 어른과 달라서, '지금 여기'의 순간이 가장 중요하다. 바로 그 순간의 감정과 상황이 기억에 남기 때문에, 행동 직후에 주어지는 칭찬이 아이의 뇌에 긍정적인 자극으로 각인된다.

뇌과학적으로도 즉각적인 칭찬은 아이의 뇌에서 도파민 분비를 촉진해 학습과 기억을 강화하고, 자기 조절력과 목표 지향적 행동을 발전시키는 데 도움을 준다고 말한다. 아이는 즉시 칭찬을 받을 때 자신에 대한 긍정적 인식을 갖게 되고, 새로운 도전에 대한 두려움이 줄어들며 성취 동기가 높아진다. 특히 유아기나 초등 저학년 아이들은 추상적인 개념보다는 구체적이고 직접적인 피드백에 더 민감하게 반응한다. "블록을 이렇게 높이 쌓았구나!", "색칠을 정말 꼼꼼히 했네!"처럼 시각적으로 확인할 수 있는 행동에 대해 즉시 칭찬하면, 아이는 자신이 무엇을 잘했는지 명확히 이해하고, 긍정적인 행동을 더 자주 반복하게 된다.

즉각적인 칭찬은 아이의 자존감과 자기 효능감을 높이는 데도 큰 역할을 한다. 부모가 아이의 작은 변화와 노력을 놓치지 않고 바로 인정해 줄 때, 아이는 자신이 사랑받고 있다는 감정을 내면에 쌓아간다. 이런 경험이 반복될수록, 아이는 부모와의 관계에서 심리적으로 안전하다고 느끼고, 더 큰 도전과 변화에도 자신감을 갖고 나아갈 수 있다. 즉시 칭찬을 해주는 부모의 태도는 아이에게 "내가 하는 행동을 엄마가 지켜보고 있구나", "내가 노력하는 순간을 엄마가 알아봐 주는구나"라는 신뢰와 안정감을 심어준다.

이 과정에서 부모가 보여 주는 민감한 반응과 즉각적인 피드백은 아이의 내면에 따뜻한 신뢰와 소속감을 심어준다. 아이는 자신의 행동이 부모에게 긍정적으로 받아들여진다는 경험을 통해, 세상에 대한 신뢰와 자신감을 키우게 된다. 또한 즉시 칭찬을 할 때는 구체적으로 어떤 행동이 칭찬받았는지 명확히 언급해 주는 것이 중요하다. "오늘은 동생에게 양보해 줘서 고마워", "책을 다 읽고 제자리에 잘 꽂았구나"처럼 행동과 결과를 연결해 설명하면,

아이는 자신의 행동과 칭찬 사이의 인과관계를 쉽게 이해한다.

즉각적이고 구체적인 칭찬은 단순한 격려를 넘어, 아이의 성장과 내적 동기를 실질적으로 돕는 강력한 교육 도구다. 부모가 아이의 행동을 민감하게 관찰하고, 그 순간을 놓치지 않고 진심으로 인정해 줄 때, 아이는 자신의 존재가 소중하다는 감정을 내면에 쌓아간다. 이런 경험이 쌓일수록 아이는 자신감을 갖고 새로운 도전을 즐기며, 부모와의 관계에서 깊은 신뢰와 안정감을 느끼게 된다. 부모의 즉각적인 칭찬 한마디가 아이의 내일을 밝히는 가장 든든한 힘이 된다는 점을 기억하자.

7. 스스로 선택한 행동엔 더 큰 격려를

아이의 자율성과 자기 주도성을 키우기 위해서는, 스스로 한 일에 대해 더욱 풍성하게 칭찬하는 것이 매우 중요하다. 부모가 시키지 않았는데도 아이가 알아서 행동했을 때, 그 행동이 크든 작든 아낌없이 칭찬을 해주는 것은 아이의 성장에 결정적인 힘이 된다. 예를 들어, 엄마가 말하지 않아도 아이가 스스로 숙제를 시작하거나, 장난감을 정리하거나, 동생을 챙기는 모습을 보였다면, 단순히 "잘했어"라는 말보다 "네가 엄마가 시키지 않아도 스스로 했구나! 정말 대단하다. 엄마는 네가 이렇게 책임감 있게 행동하는 게 정말 자랑스러워"라고 구체적으로 칭찬해 주는 것이 좋다.

이처럼 스스로 한 행동에 대한 칭찬은 아이에게 “나는 할 수 있다”는 자기 효능감과 자존감을 심어준다. 아이는 자신의 행동이 긍정적인 결과로 이어진다는 경험을 통해 점점 더 자립심을 키우고, 새로운 도전에도 주저하지 않게 된다. 특히 자발적인 행동에 대한 칭찬은 아이 내면에 긍정적인 동기를 심어주어, 부모의 지시 없이도 스스로 옳은 행동을 선택하고 실천할 수 있는 힘을 길러준다. 이는 단순히 부모의 기대에 맞추는 것이 아니라, 아이가 자기 삶의 주체로 성장하는 데 핵심적인 역할을 한다.

더 나아가, 부모가 아이의 특성과 성향을 세심하게 관찰하고, 아이가 칭찬을 받아들이기 좋은 시기와 상황을 포착해 진심을 담아 칭찬해 줄 때 그 효과는 더욱 커진다. 예를 들어, 평소 내성적인 아이가 친구에게 먼저 다가가 인사하거나, 평소 힘들어하던 일을 스스로 해냈을 때, 그 순간을 놓치지 않고 “네가 먼저 친구에게 인사해서 엄마가 정말 놀랐어. 네가 용기를 내준 게 너무 자랑스럽다”라고 말해주면, 아이는 자신의 변화와 성장을 스스로 인식하게 된다. 이런 경험이 반복될수록 아이는 자신의 행동에 대해 자부심을 갖고, 더 큰 도전에도 자신감을 잃지 않게 된다.

또한 스스로 한 일에 대한 칭찬은 아이가 실패나 좌절을 경험했을 때도 큰 힘이 된다. 원하는 결과를 얻지 못했더라도, “결과는 아쉽지만 네가 혼자서 끝까지 해보려고 노력한 점이 정말 대단해. 엄마는 그 점이 가장 자랑스럽다”라고 말해주면, 아이는 결과에 연연하지 않고 과정에서의 성장과 노력을 소중하게 여기게 된다. 이런 칭찬은 아이가 실패를 두려워하지 않고, 스스로 새로운 시도를 할 수 있는 용기를 갖게 해준다.

마지막으로, 부모가 아이의 자발적인 행동을 인정해 주는 과정에서 자연스럽게 따뜻한 눈맞춤, 미소, 가벼운 포옹 등 비언어적 칭찬을 함께 전한다면, 아이는 더욱 깊은 애착과 정서적 만족감을 느낄 수 있다. 이런 긍정적인 상호작용이 반복되면, 아이는 자신이 사랑받고 존중받는 존재라는 확신을 갖고, 앞으로도 스스로 생각하고 행동하는 힘을 키워나가게 된다. 스스로 한 일에 대한 칭찬은 아이의 자립심과 자기 주도성을 키우는 데 결정적인 역할을 하며, 부모와의 신뢰와 애착도 한층 깊어지게 만든다. 부모가 아이의 작은 변화와 자발적인 행동을 민감하게 포착해 진심으로 인정해 줄 때, 아이는 자신만의 길을 주체적으로 걸어갈 수 있는 건강한 어른으로 성장해 나갈 것이다.

8. 작은 약속도 의미 있게 인정해 주기

약속을 지키는 것은 아이의 책임감과 신뢰감, 그리고 타인에 대한 배려심을 키우는 데 매우 중요한 경험이다. 많은 부모들이 아이가 해야 할 일을 잘 해냈을 때에는 칭찬을 아끼지 않지만, 하지 말자고 약속한 행동을 참아냈을 때에는 그저 당연하게 여기고 넘어가는 경우가 많다. 그러나 하지 말라고 한 약속을 지킨 것도 분명히 칭찬받아야 할 중요한 행동이다. 예를 들어, "오늘은 약속대로 소파에 낙서하지 않았구나. 엄마가 정말 기쁘다"처럼 구체적으로 칭찬해 주면, 아이는 자신의 행동이 부모에게 긍정적으로 받아들여진다는 사실을 명확히 인식하게 된다.

이처럼 약속을 지킨 순간을 놓치지 않고 칭찬해 주는 것은 아이가 올바른 행동을 지속할 수 있도록 강력한 동기를 부여한다. 아이는 약속을 지키는 것이 단순히 규칙을 따르는 것 이상의 의미, 즉 부모와의 신뢰와 상호 존중을 쌓는 과정임을 경험하게 된다. 특히 하지 말자고 한 행동을 참아냈을 때 칭찬을 받으면, 아이는 자신의 절제력과 자기 조절 능력에 대해 자부심을 느끼고, 점차 더 중요한 약속도 스스로 지키려는 태도를 갖게 된다. 작은 약속을 잘 지키는 경험이 쌓이면, 아이는 점차 더 큰 책임감을 갖고 성장할 수 있다.

또한 약속을 지켰을 때의 칭찬은 반드시 구체적이고 진정성 있게 전달되어야 한다. "오늘은 친구와 싸우지 않고 차분하게 놀아서 정말 기뻐", "약속한 대로 TV를 껐구나, 네가 스스로 지켜서 엄마가 참 든든하다"처럼 상황과 행동을 명확히 언급하면, 아이는 어떤 행동이 바람직한지 자연스럽게 배우고, 그 행동을 반복하려는 동기를 갖게 된다. 이런 구체적인 칭찬은 아이가 자신의 행동과 결과 사이의 인과관계를 이해하는 데도 큰 도움이 된다.

반면 무분별한 과장 칭찬이나 평가 중심의 칭찬은 오히려 아이의 자존감에 혼란을 줄 수 있다. 예를 들어, 단순히 "넌 천재야",

"최고야"와 같이 과장된 칭찬을 반복하면, 아이는 실제로 자신의 행동을 객관적으로 바라보지 못하고, 비판이나 실패에 취약해질 수 있다. 또한 부모의 기분에 따라 칭찬이 달라지거나, 결과에만 집중한 칭찬을 하면 아이는 불안감을 느끼고, 다음 행동에 부담을 갖게 된다. 따라서 칭찬은 사실에 근거해 구체적으로, 그리고 아이가 왜 칭찬을 받는지 스스로 이해할 수 있도록 전달해야 한다.

이 과정에서 부모가 일관되게 약속의 중요성을 강조하고, 스스로 약속을 지키는 모습을 보여 주는 것도 중요하다. 부모가 약속을 지키는 모습을 모델링하면, 아이는 자연스럽게 이를 따라 하게 되고, 약속을 지키는 것이 신뢰와 존중의 표현임을 몸소 배우게 된다. 아이와의 작은 약속부터 실천하며, 그 약속을 잘 지켰을 때마다 긍정적인 피드백을 주는 것이 바람직하다.

결국, 약속을 지켰을 때의 칭찬은 아이의 책임감, 자기 조절력, 그리고 부모와의 신뢰를 키우는 데 핵심적인 역할을 한다. 하지 말자고 약속한 행동을 참아낸 순간에도 부모가 따뜻하게 인정해 주고, 구체적으로 칭찬해 줄 때, 아이는 자신의 행동에 자부심을 느끼고, 더 큰 도전과 변화 앞에서도 자신감을 잃지 않는 건강한 어른으로 성장할 수 있다.

제2부

아이 마음을 품어주는 충분히 좋은 부모

가장 가까운 존재인 엄마와 자녀 사이에도 때로는 마음의 문이 굳게 닫혀버리는 순간이 찾아온다. 가족이라는 울타리 안에서 서로를 너무 잘 안다고 생각하기 쉽지만, 오히려 그 친숙함 때문에 아이의 감정과 욕구를 세심하게 배려하지 못하는 경우가 많다. 엄마는 늘 책임감과 의무감으로 최선을 다하고 있지만, 아이에게 엄마는 때로 가장 이해받기 어려운 존재가 되기도 한다. 이렇게 마음이 닫힌 관계는 시간이 지날수록 점점 더 굳어져, 아이가 성장할수록 서로의 마음을 여는 일이 쉽지 않게 느껴질 수 있다.

하지만 누구나 따뜻하고 다정한 가족, 서로 기분 좋은 관계를 꿈꾼다. 가족 모두의 욕구가 존중받고, 각자가 자신의 속도로 성장할 수 있는 환경이야말로 가장 이상적인 가정의 모습일 것이다. 엄마가 자녀에게 건네는 한마디, 한마디는 아이의 자신감과 독립심을 키우는 힘이 될 수도 있고, 반대로 열등감과 의존심을 심어줄 수도 있다. 결국, 엄마와 자녀 사이의 대화와 공감이 아이의 정서적 성장과 건강한 자아 형성의 출발점이 된다는 사실을 기억해야 한다.

제4장

아이 마음에 다가가는 첫걸음

1. 잘 들어주는 것만으로 충분하다

아이의 마음을 활짝 열기 위한 첫걸음은 '적극적으로 들어주는 것'이다. 공감 대화의 본질은 아이의 이야기를 있는 그대로 받아들이고, 그 감정과 생각을 온전히 수용하는 데 있다. 부모가 진심을 담아 아이의 말을 들어줄 때, 아이는 자신이 존중받고 있다고 느끼며 심리적으로 안정감을 얻는다. 이러한 경험이 반복될수록 아이는 자연스럽게 마음을 열고, 자신의 감정이나 고민을 솔직하게 털어놓을 수 있는 용기를 갖게 된다.

많은 부모들은 아이가 무언가를 이야기할 때, 잘못된 점을 지적하거나 해결책을 제시하는 데 집중하곤 한다. 하지만 아이가 진정으로 바라는 것은 자신의 이야기를 비판 없이 들어주고, 감정에 공감해 주는 따뜻한 반응이다. 적극적 경청이란, 아이가 말하는 동안 눈을 맞추고 고개를 끄덕이며, "아, 그랬구나", "정말 속상했겠다"와 같이 진심 어린 반응을 보여 주는 것이다. 이런 태도는 아이로 하여금 엄마가 자신의 감정과 생각에 진심으로 관심을 가지고 있다는 신뢰를 쌓게 해준다. 부모와 자녀 사이의 신뢰와 친밀감은 바로 이런 '잘 들어주는' 순간에서 시작된다.

적극적으로 들어주는 방법은 다음과 같다.

첫째, 부드럽고 부담 없는 시선으로 대화한다. 아이가 하는 말에 집중하고 있다는 표현을 위해, 엄마는 부드럽고 부담 없는 시선으로 아이를 바라보면서 상체를 아이 쪽으로 약간 기울인다. 그리고 인정한다는 의미로 고개를 끄덕이거나 미소를 지어 준다. 이런 비언어적 신호는 아이에게 "엄마가 내 이야기를 진심으로 듣고 있구나"라는 안정감을 준다. 아이는 부모가 자신에게 온전히 집중하고 있다는 느낌을 받을 때, 마음의 문을 조금씩 열기 시작한다. 특히 아이가 힘들거나 속상한 이야기를 할 때, 이런 시선과 몸짓은 말보다 더 큰 위로가 된다.

둘째, 의문점이 있으면 바로 질문한다. 엄마는 자식을 다 안다고 생각해 짐작으로 판단하고 말하는 경우가 많다. 그러나 짐작을 하게 되면 아이는 오히려 위축되어 마음을 열지 않게 된다. 미리 판단하지 말고, 궁금한 점이 있다면 "정말 그랬어? 그다음엔 어떻게 됐니?"처럼 확실하게 파악하려는 모습을 보여 주자. 이런 태도는 아이가 자신의 말에 부모가 진정한 관심을 갖고 있다는 것을 느끼게 해주며, 공감의 폭도 넓어진다. 질문은 단순한 호기심을 넘어, 아이의 감정을 이해하려는 진심 어린 노력임을 아이가 느낄 수 있게 해야 한다. 이 과정에서 부모가 조급해하거나 서두르면 오히려 아이가 말을 멈출 수 있으니, 여유를 가지고 기다려주는 자세가 필요하다.

셋째, 선입관과 편견에서 벗어난다. 엄마는 아이의 과거 또는 현재의 모습을 근거로 이야기하려는 경향이 있다. 하지만 이렇게 되면 아이는 자신이 변화하고 성장하는 모습을 인정받지 못한다고 느끼며 불안해한다. 지금 현재의 아이를 바라보려는 노력이 필요하다. 단점이나 문제점보다는 감춰진 강점과 잠재력을 찾으며 듣는 것이 아이의 마음을 열게 한다. 부모가 아이를 바라보는 시선이 긍정적이고 열린 마음일 때, 아이도 스스로를 긍정적으로 바라보게 된다. 이런 관점의 변화는 아이와의 관계뿐 아니라 아이 자신의 자기 인식에도 큰 영향을 미친다.

넷째, 아이가 대화를 통해 진정으로 얻고자 하는 것이 무엇인지 파악한다. 엄마는 자신이 왜 아이와 대화하고 있는지 늘 염두에 두고, 감정에 휩싸이지 않도록 해야 한다. 대화에서 이기려고 하거나, 아이에게 보복하려 하거나, 회피하거나 도중에 도망치려 해서는 안 된다. 아이의 입장에서 무엇을 원하는지, 어떤 감정을 느끼는지 냉정하게 생각하며 대화에 임하는 것이 중요하다. 때로는 부모가 자신의 감정을 조절하는 것이 아이와의 대화에서 가장 큰 도전이 될 수 있다. 그러나 감정을 잘 다스리고 아이에게 집중할 때, 아이는 자신이 진심으로 존중받고 있다는 깊은 신뢰를 쌓게 된다.

이처럼 비판이나 지적 없이 아이의 이야기를 들어주는 것만으로도, 아이는 스스로 마음을 열고 자신의 감정과 고민을 솔직하게 표현할 수 있게 된다. 심리상담 현장에서도 상담사가 내담자의 이야기를 판단 없이 들어주는 것이 가장 기본이자 중요한 원칙인 것처럼, 가정에서도 무조건적인 수용과 공감이 아이의 마음을 열게 하는 출발점이 된다. 아이가 하고 싶은 말을 충분히 하고 나면, 마음이 한결 편안해지고, 스스로 문제를 해결할 수 있는 자신감도 생긴다.

적극적 경청은 부모와 자녀 사이의 신뢰를 쌓고, 갈등이 생겼을 때도 훨씬 더 쉽게 해결할 수 있는 기반이 된다. 아이의 마음을 여는 가장 효과적인 대화법, 바로 '잘 들어주는 것'임을 기억하자. 부모가 아이의 이야기에 귀 기울이고, 그 마음을 진심으로 받아들일 때, 아이는 더욱 건강하고 자신감 있는 사람으로 성장할 수 있다.

2. 아이와 진짜로 연결되기

아이에게 좋은 대화 상대가 되어주는 것은 단순히 아이의 말을 듣는 것에서 그치지 않는다. 부모가 진정으로 아이와 소통하려면, 하던 일이나 생각을 잠시 멈추고 온전히 아이에게 집중해야 한다. 아이가 말을 걸어올 때, 스마트폰이나 집안일에 몰두한 채 대충 대답하는 것이 아니라, 눈을 맞추고 아이의 말에 귀를 기울이는 태도가 중요하다. 아이의 이야기를 중간에 자르지 않고 끝까지 들어주는 것, 그리고 그 과정에서 아이의 말뿐만 아니라 표정, 몸짓, 행동까지 세심하게 관찰하는 것이 진정한 소통의 시작이다. 아이가 얼굴을 찡그리거나 엄마의 시선을 피하면서 몸을 산만하게 움직인다면, 그 행동이 말보다 더 많은 감정을 드러내고 있을 수 있다.

엄마가 훌륭한 대화 상대가 되려면, 아이의 마음을 짐작하고 그 감정에 공감하는 노력이 필요하다. 좋은 소식에는 함께 기뻐하고, 부담스럽거나 속상한 이야기가 나올 때도 실망이나 다툼으로 반응하기보다는 아이의 입장에서 상황을 이해하려는 태도를 보여야 한다. 성의 있고 진실한 자세, 아이에 대한 세심한 관찰, 그리고 긍정과 공감에 초점을 둔 대화법이 쌓일수록 아이는 부모와의 관계에서 심리적 안정감을 느끼고, 자신의 이야기를 더 솔직하게 털어놓게 된다.

아이에게 공감적 대화가 되는 방법은 다음과 같다.

첫째, 아이의 말에 격려해 준다.

엄마의 격려는 아이에게 "나는 할 수 있다"는 자신감을 심어준다. 아이가 혼자 해보려고 노력하거나, 최선을 다한 일에 대해 비난을 받는다면 자신감을 잃고 소극적이거나 때로는 공격적으로 변할 수 있다. 반대로, 아이가 시도하는 과정을 인정하고 "네가 스스로 해보려고 애쓰는 모습이 정말 멋지다", "실패해도 괜찮아, 엄마는 네 노력을 알고 있어"와 같은 격려를 해주면, 아이는 자신의 노력이 존중받고 있다는 확신을 갖게 된다. 이런 격려는 아이가 새로운 도전을 두려워하지 않고, 실패를 성장의 일부로 받아들이는 힘을 길러준다.

둘째, 칭찬을 아끼지 않는다.

사람은 자신을 칭찬해 주는 사람에게 더 마음을 열게 마련이다. 아이 역시 마찬가지로, 부모가 진심 어린 칭찬을 해줄 때 자신을 긍정적으로 바라보게 되고, 더 나은 행동을 반복하려는 동기를 갖게 된다. 구체적으로 칭찬해 주면, 아이는 자신의 행동이 소중하게 여겨진다는 감정을 내면에 쌓아간다. 칭찬은 아이의 자존감과 자기효능감을 키우는 데 매우 효과적이며, 부모와의 관계에서도 신뢰와 친밀감을 높여준다.

셋째, 대화의 순서를 지킨다.

좋은 대화에는 일정한 규칙이 필요하다. 아이의 말을 중간에 끊지 않고, 엄마가 혼자 대화를 독점하지 않으며, 자신의 의견을 말할 때는 아이에게도 반론의 기회를 준다. 또한 엄마가 일방적으로 화제를 바꾸지 않고, 아이가 하고 싶은 이야기를 충분히 할 수 있도록 기다려주는 태도가 중요하다. 이런 대화의 질서는 아이에게 자신의 생각이 존중받고 있다는 안정감을 주고, 스스로 의견을 표현하는 연습이 된다.

넷째, 완전한 문장으로 말한다.

축약된 말이나 모호한 표현은 아이의 의사소통 능력에 혼란을 줄 수 있다. 엄마는 바르고 정확한 문장으로 대화를 이끌어야 하며, 끝을 흐리거나 애매하게 말하지 않도록 주의해야 한다. "오늘 학교에서 어떤 일이 있었니?", "네가 느낀 감정을 말해줄 수 있을까?"처럼 명확한 질문과 대답을 주고받는 과정에서, 아이는 자신의 생각과 감정을 논리적으로 정리하는 힘을 기르게 된다.

이렇게 아이에게 좋은 대화 상대가 되어주는 과정은 단순한 소통을 넘어, 아이의 정서적 안정과 자기 표현 능력, 그리고 부모와의 신뢰관계 형성에 큰 영향을 미친다. 부모가 아이의 말과 행동에 진심으로 관심을 기울이고, 공감과 격려, 칭찬, 질서 있는 대화, 정확한 언어 사용을 꾸준히 실천할 때, 아이는 자신이 존중받고 있다는 확신을 갖고 건강하게 성장할 수 있다. 이러한 대화 경험이 반복될수록 아이는 자신의 감정을 솔직하게 표현하고, 타인과의 관계에서도 건강한 소통을 이어갈 수 있는 힘을 키워 나가게 된다.

3. 아이 입장에서 한번 더 생각하기

아이를 진정으로 이해하려면, 어른의 시각에서만 바라보지 않고 아이의 입장에서 생각하려는 노력이 필요하다. 부모와 자녀의 대화에서 엄마는 종종 훈계하거나 자신의 기준으로 옳고 그름을 따지려 들고, 아이는 그런 엄마의 태도에 방어적으로 변명하거나 마음을 닫기 쉽다. 하지만 아이와 엄마의 처지와 관점이 다르다는 점을 인정하고, 아이가 왜 그런 행동을 했는지, 어떤 감정을 느꼈는지 그 이유를 먼저 찾아보려는 태도가 대화를 훨씬 부드럽고 효과적으로 만든다.

예를 들어, 아이가 숙제를 미루고 있을 때 "왜 또 숙제를 안 했니?"라고 다그치기보다는 "숙제가 재미없고 지루해서 하기 싫구나", "오늘은 피곤해서 힘든 모양이네"처럼 아이의 감정을 구체적으로 읽어주는 것이 훨씬 더 공감적인 접근이다. 이렇게 아이의 마음을 읽어주면, 아이는 자신이 이해받고 있다는 안정감을 느끼고, 이미 알고 있는 '해야 할 일'에 대해 스스로 받아들이는 힘을 갖게 된다.

아이의 입장에서 대화하는 데 있어 주의해야 할 점은 다음과 같다.

첫째, 훈계하거나 설명하는 말을 삼간다.

아무리 어린아이라도 자신의 결점을 들추어내며 고치라고 명령받는다면, 그 명령을 기쁘게 받아들이기는 어렵다. 훈육이 필요하더라도 명령조나 비난, 충고 위주의 대화는 아이의 마음을 닫게 만들 수 있다. 대신, 아이의 세계와 감정을 인정해 주고, "네가 그렇게 느끼는구나"라고 공감하는 태도가 필요하다.

둘째, 아이의 감정과 생각을 존중한다.

아이들은 어른과는 다른 속도와 방식으로 세상을 경험한다. 어른의 기준에서 "이건 별일 아니야"라고 넘기지 말고, 아이가 느끼는 감정의 크기와 의미를 존중해야 한다. "그렇게 속상했구나", "정말 기뻤겠다"처럼 감정에 이름을 붙여주고, 아이의 이야기를 끝까지 들어주는 것이 중요하다.

셋째, 아이의 세계를 인정하고 함께 공감하는 대화를 한다.

아이에게는 아이만의 세계가 있다. 부모가 자신의 경험과 가치관만을 앞세우기보다는, 아이의 눈높이에서 상황을 바라보고, 그 마음을 인정해 주는 것이 필요하다. 일상 속 작은 일에도 "네 생각이 궁금해", "네가 어떻게 느꼈는지 이야기해 줄래?"라고 물어보는 것만으로도 아이는 자신이 존중받고 있다고 느낀다.

넷째, 자연스러운 스킨십과 따뜻한 반응을 더한다.

말로만 공감하기보다, 아이와의 포옹, 손잡기, 다정한 눈맞춤 등 비언어적 교감도 함께 이루어질 때 아이는 더욱 깊은 신뢰와 안정감을 느낀다. 어릴 때부터 충분한 스킨십을 경험한 아이는 자신이 사랑받고 있다는 확신을 갖고, 정서적으로도 더 건강하게 성장할 수 있다.

실제로 공감적 대화는 단순히 아이의 행동을 이해하는 데 그치지 않고, 아이가 자신의 감정을 솔직하게 표현하고, 부모와의 관계에서 심리적 안정감을 느끼는 데 큰 역할을 한다. 부모가 자신의 감정이나 생각을 일방적으로 전달하기보다는, 아이의 입장에서 한번 더 생각해 보고, 그 마음을 읽어주려는 노력을 지속할 때, 아이는 점차 자신의 이야기와 감정을 더 자유롭게 꺼내놓게 된다. 이런 경험이 쌓이면, 아이는 부모와의 관계뿐 아니라 또래 친구, 선생님 등 다양한 사회적 관계에서도 건강한 소통과 공감 능력을 키워나갈 수 있다.

4. 마음이 닿는 소중한 시간 만들기

아이와 즐거운 시간을 함께 갖는 것은 공감적 대화의 시작이자, 가족 간의 정서적 유대와 신뢰를 쌓는 가장 확실한 방법이다. 엄마와 자녀가 함께 있을 때 서로 기분이 좋고, 자연스럽게 웃음이 오가는 분위기가 형성된다면, 그 자체만으로도 가족 모두에게 큰 행복이 된다. 아이는 “가족이 함께 있으면 정말 좋다”는 긍정적인 감정을 갖게 되고, 이런 경험이 반복될수록 가족은 서로에게 든든한 정서적 울타리가 된다.

여기서 중요한 것은 단순히 함께 보내는 시간의 양이 아니라, 그 시간의 '질'이다. 바쁜 일상 속에서도 매일 조금씩이라도 아이와 온전히 마주 앉아 이야기를 나누거나, 함께 놀이를 하며 웃는 시간을 갖는 것이 필요하다. 짧은 시간이라도 스마트폰이나 집안일에서 벗어나 아이에게만 집중하는 순간이 쌓이면, 아이는 자신이 엄마에게 소중한 존재임을 자연스럽게 느끼게 된다.

즐거운 시간을 만들기 위해서는 사전에 계획을 세우는 것도 중요하다. 엄마가 일방적으로 활동을 정하지 않고, 아이의 의견을 물어보는 것이 효과적이다. "오늘은 어떤 놀이가 하고 싶어?", "네가 가고 싶은 곳이 있니?"처럼 아이의 선택을 존중하면, 아이는 자신의 생각이 존중받는다는 감정을 갖게 되고, 자발적으로 참여하려는 의욕도 커진다. 가족 여행, 주말 소풍, 동네 산책, 함께 요리하기, 공예나 그림 그리기, 책 읽기 등 다양한 활동을 아이와 함께 계획하고, 준비 과정에도 아이를 적극적으로 참여시키면 그 과정 자체가 또 하나의 소중한 추억이 된다.

특히 가족 전체가 함께하는 여행이나 야외 활동은 아이에게 새로운 경험과 자연을 접할 기회를 제공한다. 도시에서 벗어나 자연 속에서 뛰놀고, 새로운 환경을 경험하는 것은 아이의 창의력과 호기심을 자극하고, 가족 간의 유대감을 한층 더 깊게 만든다. 아이가 자발적으로 참여할 수 있도록 유도하고, 활동 중에는 엄마도 진심으로 즐기는 모습을 보여 주면, 아이는 엄마와 함께하는 시간이 특별하다고 느끼게 된다.

즐거운 시간을 보내는 데 있어 또 하나 중요한 점은, 그 시간 동안에는 성적이나 생활 습관에 대한 충고, 잔소리, 지적을 삼가는 것이다. 아이와 함께하는 시간은 오로지 긍정적이고 따뜻한 분위기에서, 서로의 감정과 생각을 자연스럽게 나누는 데 집중해야 한다. 저녁 식사 시간이나 짧은 산책, 놀이 시간 등 일상의 작은 순간들도 의미 있는 대화와 교감의 기회가 될 수 있다.

또한 엄마가 아이에게 따뜻한 시선과 사랑을 전하는 것이 중요하다. 돈 보스꼬 신부의 말처럼 "젊은이들을 사랑하는 것만으로는 부족합니다. 그들이 사랑받고 있다는 것을 느끼게 해야 합니다"라는 원칙을 실천하는 것이다. 아이는 엄마의 따뜻한 말 한마디, 다정한 눈빛, 포근한 손길 속에서 자신이 소중한 존재임을 느끼고, 삶의 기쁨과 의욕을 키워간다. 엄마의 사랑이 말과 행동으로 자연스럽게 전해질 때, 아이는 세상에서 가장 든든한 지지자를 곁에 두고 있다는 확신을 갖게 된다.

결국, 아이와 함께하는 즐거운 시간은 가족 모두에게 정서적 안정과 행복을 선물한다. 매일 짧은 시간이라도 아이와 온전히 마주하고, 서로의 감정과 생각을 나누는 습관을 들여보자. 그 작은 노력이 쌓일수록, 아이의 마음은 더 활짝 열리고, 가족 모두의 유대는 더욱 깊어질 것이다. 이런 경험이 반복될수록 아이는 부모와의 관계에서 심리적 안전감을 느끼고, 세상에 대한 긍정적인 태도와 자신감을 키워나갈 수 있다.

5. 함께 있으면서도, 아이 고유의 속도로 기다려주기

아이와 함께한다는 생각을 갖게 해주는 것은, 부모와 자녀 사이의 건강한 거리와 신뢰를 만드는 데 매우 중요한 요소다. 영유아기에는 모든 것을 엄마에게 의존하지만, 아이가 자라면서 점차 독립된 존재로 인정받고 싶어 한다. 이때 엄마가 여전히 아이를 어린아이로만 여기고 모든 것을 통제하려 들면, 아이는 자신의 개성과 자유를 존중받지 못한다고 느끼며 불편함을 갖게 된다. 따라서 엄마는 자녀를 하나의 독립된 인격체로 바라보고, 아이와 '함께' 있으면서도 '하나'가 되려고 해서는 안 된다.

엄마가 아이와 함께한다는 것은, 아이의 삶에 깊이 개입하거나 문제를 대신 해결해 주는 것이 아니라, 아이가 자신의 문제를 스스로 해결할 수 있도록 지켜봐 주고, 필요할 때 든든한 후원자로 곁에 있어 주는 태도를 의미한다. 예를 들어, 아이가 친구와 다툼이 생겼을 때 엄마가 직접 개입해 문제를 해결하려 하기보다, 아이가 자신의 힘으로 갈등을 풀 수 있도록 기다려주고, 정말 도움이 필요할 때 조용히 조언이나 위로를 건네는 것이 바람직하다. 이런 경험을 통해 아이는 "엄마는 언제나 내 편이지만, 내 삶을 대신 살아주지 않는다"는 신뢰와 자율성을 동시에 느끼게 된다.

이 과정에서 중요한 것은 엄마가 자녀의 성장과 변화를 객관적으로 바라보는 시선이다. 아이가 성장하면서 겪는 다양한 감정과 경험을 존중하고, 아이의 개성을 인정해 주는 태도가 쌓이면, 아이는 점차 엄마와의 관계에서 심리적 안정감을 느끼고, 마음의 문을 더 활짝 열게 된다. 엄마가 모든 문제를 대신 해결해 주려 들면, 아이는 스스로 문제를 해결하는 힘을 기르지 못하고, 오히려 엄마에게 의존하거나 자신의 감정을 숨기게 될 수 있다. 반면, 엄마가 한 걸음 물러서서 아이의 선택과 실수를 존중해 주면, 아이는 자신만의 방식으로 성장할 수 있는 기회를 얻게 된다.

현실적으로, 아동기까지는 엄마가 육아와 교육에 신경을 많이 쓰고, 직장 생활 등으로 바빠 자녀와 충분한 대화를 나누지 못하는 경우가 많다. 그러다 보니 어느새 자녀와의 거리가 멀어지고, 엄마가 여유를 갖고 돌아보려 할 때는 이미 소통의 벽이 높아져 있기도 하다. 하지만 자녀의 마음을 여는 것은 어릴수록 좋은 것이 사실이지만, 나이가 들었다고 해서 결코 불가능한 일은 아니다. 다만, 자녀가 클수록 마음을 다시 열기 위해서는 더 많은 시간과 인내, 그리고 진심 어린 노력이 필요하다.

부모가 아이와 함께한다는 생각을 갖고, 언제나 곁에서 지켜봐 주는 든든한 후원자가 되어 줄 때, 아이는 부모에 대한 신뢰를 바탕으로 자신의 마음을 자연스럽게 열 수 있다. 이런 신뢰와 안정감은 아이가 앞으로 새로운 도전과 어려움을 만났을 때, 스스로 문제를 해결하고 성장할 수 있는 힘이 된다. 결국, 부모가 아이와 '함께' 있으면서도, 아이의 독립성과 자율성을 존중해 주는 태도가 건강한 관계의 핵심임을 기억하자.

6. 있는 그대로의 모습에 머물러 주는 용기

아이를 있는 그대로 받아들이는 태도는 부모-자녀관계에서 가장 기본적이면서도 중요한 출발점이다. 많은 아이들이 엄마에게는 고민을 쉽게 털어놓지 못하면서, 오히려 선생님이나 친구, 상담가에게 자신의 속마음을 드러내는 경우가 많다. 그 이유는 엄마가 아이를 여전히 어린아이로만 취급하거나, 아이의 인격과 생각을 충분히 존중하지 않는 태도에서 비롯된다. "네가 뭘 알아!", "그런 걸 왜 알려고 해!"와 같은 말이 반복되면, 아이는 점차 엄마와의 대화를 피하게 되고, 결국 마음의 문을 닫게 된다.

반면, 선생님이나 친구, 상담가에게는 자신의 이야기를 털어놓는 이유는 그들이 아이를 하나의 인격체로 존중하고, 진심으로 이해해 주려는 태도를 보이기 때문이다. 아이는 자신이 있는 그대로 받아들여진다고 느낄 때, 더 적극적으로 자신의 감정과 고민을 표현하게 되고, 부모와의 관계에서도 심리적 안정감을 얻게 된다. 부모가 아이를 존중하고, 아이의 감정과 생각을 있는 그대로 인정해 줄 때, 아이는 부모와의 신뢰를 쌓고, 자신의 정체성과 자존감을 건강하게 키울 수 있다.

아이를 있는 그대로 받아들이는 구체적인 방법은 다음과 같다.

- 아이의 감정과 행동을 있는 그대로 인정한다.

  아이가 실수하거나 속상한 일이 있을 때, "왜 그랬니?"라고 다그치기보다는 "많이 속상했구나", "그럴 수도 있지"처럼 감정 자체를 먼저 인정해 준다. 아이가 울 때 "뚝 그쳐! 울면 바보야!"라고 다그치는 대신, "많이 아팠지, 힘들었겠다"라며 아이의 감정을 공감해 주는 태도가 중요하다. 이런 반응은 아이가 자신의 감정을 부끄러워하지 않고, 솔직하게 표현할 수 있도록 도와준다.

- 평가나 충고, 훈계를 앞세우지 않는다.

  부모가 아이의 말에 끼어들거나, 일방적으로 판단하고 충고하는 태도는 아이가 자신의 생각을 무시당한다고 느끼게 만든다. 아이의 말에 귀 기울이고, 충분히 들어준 뒤에야 부모의 생각을 조심스럽게 전달하는 것이 바람직하다. 특히 아이의 부정적인 감정이나 행동도 성장 과정의 일부로 받아들이고, 그 안에서 아이가 스스로 깨달을 수 있도록 기다려주는 인내가 필요하다.

- 아이의 개성과 독립성을 존중한다.

  아이를 부모의 소유물처럼 여기지 않고, 하나의 독립된 인격체로 인정해야 한다. 아이가 부모의 기대와 다르게 행동하더라도, "너는 왜 그 모양이니?"가 아니라 "네가 그렇게 생각할 수도 있겠구나"처럼 아이의 시각을 존중하는 태도가 중요하다. 이런 존중은 아이의 자기 주도성과 창의력을 키우는 데 큰 밑거름이 된다.

- 따뜻한 공감과 지지의 메시지를 전한다.
  아이의 고민이나 어려움에 대해 "엄마도 네가 그런 고민을 할 수 있다는 걸 이해해", "네가 힘들 때 언제든 이야기해도 괜찮아"와 같은 지지의 말을 자주 건네자. 부모의 이런 태도는 아이가 언제든 부모에게 마음을 열 수 있다는 신뢰를 심어준다.

이처럼 아이를 있는 그대로 받아들이는 부모의 태도는, 아이의 정서적 건강과 자존감, 그리고 가족 내 신뢰와 유대감을 키우는 데 결정적인 역할을 한다. 부모가 먼저 아이의 감정과 생각을 존중하고, 평가나 훈계 대신 공감과 지지로 다가갈 때, 아이는 부모와의 대화에서 심리적 안정감을 느끼고, 자신의 마음을 더 자유롭게 표현할 수 있게 된다. 결국, 아이를 하나의 온전한 인격체로 인정하고, 있는 그대로의 모습을 받아들이는 것이 자녀와의 진정한 소통과 성장의 시작임을 잊지 말아야 한다.

7. 말과 행동 너머 숨은 신호 읽기

아이와의 대화에서 정말 중요한 것은, 말의 표면만 듣는 것이 아니라 그 속에 숨어 있는 진짜 마음을 읽어내는 일이다. 엄마가 아이를 사랑하면서도 아이의 마음을 힘들게 하는 가장 큰 이유는, 아이의 진짜 마음을 잘 모르기 때문이다. 아이들은 엄마가 자신에게 어떤 말을 자주 하는지, 또 어떤 감정으로 자신을 대하는지에 따라 자신을 소중한 존재로 느끼기도 하고, 반대로 하찮거나 쓸모없는 사람으로 느끼기도 한다. 부모의 무심한 한마디, 혹은 감정 섞인 반응은 아이의 자존감과 정서에 깊은 흔적을 남긴다.

아이들은 대화 속에서 불리한 상황에 놓이거나, 마음이 불편할 때 자신의 감정을 솔직하게 드러내지 못하고 돌려 말하거나, 때로는 전혀 엉뚱한 이야기를 하기도 한다. 어른들은 이런 아이의 심리나 정서 상태를 깊이 이해하지 못하고, 아이가 말하는 그대로만 받아들이는 실수를 하곤 한다. 하지만 아이가 순간적으로 내뱉는 말이나 행동에는 반드시 그 나름의 이유와 감정이 숨어 있다. "오늘 재미없었어"라는 말 뒤에는 친구와의 갈등, 선생님과의 오해, 혹은 단순한 피로감이 숨어 있을 수 있다. 아이의 말이라고 가볍게 넘기지 말고, 왜 그런 말을 했는지, 그 이면에 어떤 감정이 있는지 한번 더 생각해 보는 노력이 필요하다.

특히 아이들은 언어로 감정을 모두 표현하지 못하기 때문에, 표정이나 몸짓, 목소리의 떨림, 억양, 시선, 자세 등 비언어적 행동을 통해 자신의 마음을 드러내는 경우가 많다. 부모가 이런 신호에 민감하게 반응할 때, 아이는 자신이 진심으로 이해받고 있다는 확신을 갖게 된다. 이런 상호작용이 반복되면, 아이는 점차 자신의 감정과 욕구를 솔직하게 표현할 수 있고, 부모와의 관계에서도 안정감과 신뢰를 쌓아간다. 만약 부모가 아이의 신호를 무시하거나, 단순히 행동만 통제하려 든다면, 아이는 자신의 감정과 욕구를 점점 숨기게 되고, 부모와의 신뢰도 약해진다.

아이가 자주 보이는 행동을 통해 마음을 읽는 예시는 다음과 같다.

손톱을 물어뜯는 아이

시도 때도 없이 손톱을 물어뜯는 아이는 마음이 불안하거나 심심할 때 이런 행동을 보인다. 재미있거나 몰입할 만한 일이 없고, 주변 환경이 어색하거나 안정감이 부족할 때, 아이는 자신의 신체를 만지작거리며 불안감을 해소하려 한다. 집안 분위기가 긴장되어 있거나, 친구들과 잘 어울리지 못한다고 느끼는 아이는 손톱을 물어뜯으며 마음의 불편함을 표현한다. 이런 행동이 반복된다면, 아이가 느끼는 정서적 불안정이나 외로움을 세심하게 살펴볼 필요가 있다.

돌아다니면서 밥 먹는 아이

식탁에 앉아 있지 못하고 돌아다니면서 밥을 먹는 아이는 단순히 산만해서가 아니라, 음식에 대한 흥미 부족이나 식사 자체에 대한 즐거움이 떨어질 때 이런 행동을 보인다. 때로는 엄마가 계속 쫓아다니며 먹여왔던 습관 때문일 수도 있고, 식사 시간에 긴장이나 부담을 느끼는 경우에도 이런 모습이 나타난다. 아이가 식사에 집중하지 못한다면, 밥상에서의 분위기와 아이가 느끼는 감정을 함께 돌아봐야 한다.

구석을 좋아하는 아이

구석을 좋아하고 혼자 있으려는 아이는 자기만의 공간에서 방해받지 않고 쉴 수 있는 시간이 필요하다고 느낀다. 특히 주변의 시선이나 관심이 부담스럽거나, 여러 사람과 함께 있을 때 긴장하거나 두려움을 느끼는 아이들은 구석에서 혼자 노는 것으로 마음의 안정을 찾는다. 내성적이고 예민한 아이일수록 이런 경향이 두드러질 수 있다. 아이가 자주 구석에 머문다면, 억지로 끌어내려 하기보다는 아이가 안전하다고 느끼는 환경을 존중해 주고, 필요할 때 다가가 따뜻하게 안아주는 것이 도움이 된다.

이렇듯 아이의 말과 행동에는 반드시 그 나름의 이유와 감정이 숨어 있다. 아이가 순간적으로 내뱉는 말이나 반복적으로 보이는 행동을 그저 "아이니까 그럴 수 있다"라고 넘기지 말고, 왜 그런 말을 했는지, 어떤 마음이 숨어 있는지 한번 더 생각해 보는 노력이 필요하다. 아이의 말과 행동을 주의 깊게 관찰하고, 그 이면에 숨은 감정과 욕구를 이해해 주면 아이는 "엄마가 내 마음을 알아주는구나"라는 깊은 신뢰와 안정감을 느끼게 된다.

이런 과정에서 부모가 아이의 감정과 욕구를 있는 그대로 받아들이고, 아이가 자신의 감정을 자유롭게 표현할 수 있도록 심리적 공간을 마련해 주는 것이 무엇보다 중요하다. 아이는 부모의 민감한 반응과 공감 속에서 자신이 안전하게 보호받고 있음을 느끼고, 점차 자신의 내면 세계를 탐색하고 표현하는 힘을 키운다. 부모가 아이의 신호를 존중하고, 때로는 아이가 혼자 감정을 소화할 수 있도록 기다려주는 인내도 필요하다. 이런 경험이 쌓이면, 아이는 부모와의 관계에서 얻은 신뢰와 안정감을 바탕으로, 점차 세상과도 건강한 관계를 맺을 수 있는 힘을 갖게 된다.

아이의 감정을 공감해 주는 방법에는 다음과 같은 실천법이 있다.

- 아이에게 귀를 기울인다.
  아이가 말을 할 때, 눈을 바라보고 몸을 기울여 주의 깊게 들어준다. 아이는 자신이 존중받고 있다는 느낌을 받을 때, 더 자신감 있게 자기 생각을 표현하게 된다.

- 아이의 마음을 이해해 준다.
  단순히 말의 내용만 듣지 말고, 그 이면에 숨은 감정과 욕구를 읽으려 노력한다. "네가 그런 말을 한 건 속상해서 그랬구나", "오늘은 좀 힘들었겠다"처럼 감정을 구체적으로 짚어 준다.

- 아이의 감정을 말로 표현해 준다.
  아이가 자신의 감정을 잘 표현하지 못할 때는, 부모가 대신 감정의 이름을 붙여 주는 것도 도움이 된다. "지금 많이 화가 났구나", "조금 불안한 것 같아 보여" 등으로 감정을 언어화해 주면, 아이는 자신의 마음을 더 잘 이해하게 된다.

- 사랑받고 있음을 느끼고 사랑을 나눌 수 있게 해준다.
  따뜻한 포옹, 다정한 손길, 진심 어린 칭찬 등 비언어적 소통을 통해 아이가 사랑받고 있다는 확신을 갖게 해준다.

결국 아이의 말과 행동 속에 숨은 마음을 읽어내고, 그 감정에 진심으로 공감해 주는 부모의 태도가 아이와의 관계를 더욱 깊고 건강하게 만들어 준다. 부모가 아이의 언어적, 비언어적 신호 모두에 민감하게 반응하고, 말과 행동을 일치시켜 진심을 전할 때, 아이는 자신이 존중받고 사랑받는 존재임을 느끼며, 마음을 활짝 열고 부모와 소통할 수 있게 된다.

제 5 장

완벽보다, 따뜻함으로 키우는 감정

현대 사회에서 엄마와 자녀가 함께 깊은 대화를 나눌 수 있는 기회는 점점 줄어들고 있다. 맞벌이 가정의 증가, 이혼이나 잦은 이사 등 가족 구조의 변화로 인해 아이들이 안정적인 환경에서 성장하기 어려워진 경우가 많아졌다. 이런 변화 속에서 아이들은 학습 부담, 부모의 기대, 그리고 다양한 스트레스에 노출되어 있다. 그 결과, 자신의 감정을 제대로 조절하지 못하고 쉽게 화를 내거나, 참지 못해 감정이 격해지는 모습을 자주 보이게 된다.

이처럼 감정 조절이 어려운 아이들은 또래와의 갈등이 잦아지고, 사소한 일에도 쉽게 흥분하거나 좌절하는 경향을 보인다. 어떤 아이는 공격적으로 변하고, 또 어떤 아이는 위축되어 자기 표현을 꺼리게 된다. 이러한 정서적 불안정은 단순히 개인의 문제가 아니라, 학교 생활이나 사회적 관계, 나아가 미래의 삶에도 큰 영향을 미치게 된다.

과거에는 이런 문제를 주로 IQ, 즉 지능의 문제로만 해석했다. 하지만 이제는 머리는 똑똑해도 정서적으로 미성숙한 아이들이 많다는 사실이 주목받고 있다. 반면, 자신의 감정을 잘 다스리고, 타인과 긍정적인 관계를 맺으며, 어려운 상황을 긍정적으로 이겨내는 아이들도 있다. 이처럼 삶의 질과 대인관계를 좌우하는 핵심은 IQ가 아니라 바로 감성, 즉 EQ라는 점이 점점 더 중요하게 여겨지고 있다.

감성이란 단순히 감정을 느끼는 것에 그치지 않는다. 감성은 오감(촉각, 미각, 청각, 시각, 후각)을 통해 세상을 경험하고, 그 경험을 바탕으로 자신의 감정을 인식하고, 이를 긍정적으로 관리 · 조절하며, 다른 사람의 감정도 섬세하게 읽어낼 수 있는 능력이다. 감성이 높은 아이는 자신의 감정을 솔직하게 표현하고, 타인의 감정에도 공감하며, 신뢰와 배려를 바탕으로 건강한 관계를 맺는다. 이런 아이들은 자신감이 높고, 변화에 유연하게 적응하며, 성취 욕구와 낙관성을 바탕으로 사회성을 키워나간다. 감성은 결국 아이가 사회 속에서 조화롭게 살아가며, 긍정적인 자아를 형성하는 데 필수적인 힘이 된다.

하지만 감성적 지능과 이성적 지능을 별개의 것으로 여기고 한쪽만을 강조하는 것은 바람직하지 않다. 인간의 성장은 감성과 이성이 조화롭게 어우러질 때 비로소 온전해진다. 감성 교육만을 강조하는 것도, 이성적 지능만을 중시하는 것도 모두 균형 잡힌 성장을 방해할 수 있다. 아이들이 처음 만나는 사회는 가정이고,

가장 많은 시간을 함께 보내는 존재는 부모이다. 부모의 말과 행동, 그리고 대화의 방식이 아이의 감성 발달에 결정적인 영향을 미친다. 특히 대화는 서로의 감성이 만나는 공간이기 때문에, 부모와 자녀 사이의 신뢰와 사랑이 바탕이 되어야 한다.

아이를 키우는 일은 분명 행복하지만, 동시에 많은 인내와 희생을 요구한다. 부모가 아이의 모든 문제를 대신 해결해 줄 수는 없다. 오히려 아이가 스스로 선택하고, 그 결과에 책임지는 과정을 존중하는 것이 진정한 교육이다. 무엇보다 중요한 것은, 아이가 부모에게서 사랑과 존중을 받고 있다는 확신을 느끼게 해주는 것이다. 아이가 실패하거나 실수했을 때에도 부모의 따뜻한 격려와 지지가 있다면, 아이는 다시 일어나 도전할 힘을 얻게 된다.

부모로서 성공하기 위해서는 '내가 옳다'거나 '모든 답을 알고 있다'는 생각에서 벗어나야 한다. 아이의 삶은 결국 아이 자신의 선택과 책임으로 이루어진다. 부모가 할 수 있는 가장 큰 역할은 아이가 언제나 사랑받고 존중받는 존재임을 느끼게 해주고, 아이와의 신뢰를 바탕으로 대화의 끈을 놓지 않는 것이다. 부모와 자녀의 공감적 대화는 모든 문제 해결이 가장 쉽고, 가장 최선의 방법이기도 하다.

이제, 감성을 길러주는 구체적인 방법을 어른과 아이의 공감적 대화 속에서 하나씩 찾아보고자 한다. 일상에서 실천할 수 있는 작은 대화와 행동이 아이의 감성을 키우고, 건강한 사회적 존재로 성장시키는 밑거름이 될 것이다.

1. 모든 감정을 존중하기

감성을 키워주는 대화의 출발점은 언제나 긍정적인 언어와 따뜻한 태도에 있다. 아이의 감성이 자연스럽게 드러나고, 아이가 부모와 안정적으로 마음을 나눌 수 있으려면, 무엇보다 엄마가 긍정적이고 지지적인 대화 환경을 먼저 만들어 주어야 한다. 하지만 현실에서는 부모와 자녀 사이의 소통이 종종 어려움을 겪는다. 가장 근본적인 원인은 아이가 자신의 감정이나 고민을 엄마에게 진솔하게 털어놓지 못한다는 점이다.

왜 많은 아이들이 엄마에게 마음을 쉽게 열지 못할까? 심리학 연구들은, 그 원인이 부모의 말투와 태도, 특히 습관적으로 나오는 지시, 명령, 훈계, 비교, 단정적 어투에 있음을 밝히고 있다. "넌 왜 항상 그러니?", "다른 친구들은 잘하는데 너는 왜 못 해?", "엄마 말 들어!", "말도 안 되는 소리 하지 마"와 같은 말들은 아이의 자존감에 상처를 주고, 반항심이나 위축감을 키운다. 끊임없이 비교당하고, 실수나 잘못만 지적받는 경험을 반복한 아이는 부모와의 대화에서 점점 자신의 속마음을 숨기게 되고, 정서적 소통 자체를 포기하게 된다.

엄마가 아이를 다른 아이와 비교하거나, 성취나 결과만을 중시하면서 실패나 부족함을 단정적으로 평가한다면, 아이는 자신이 있는 그대로 받아들여지지 못한다고 느끼고, 내면에 깊은 상실감과 두려움을 쌓아간다. 세상에서 가장 가까운 존재인 엄마에게서

조차 인정과 존중을 받지 못한다면, 아이는 점차 자신의 감정을 숨기거나, 질투, 불안, 무가치함 등 부정적인 감정에 휩싸이기 쉽다. 결국 이런 가정에서는 진솔하고 건강한 감성 대화가 이루어지기 어렵다.

따라서 대화의 기본 태도는 습관적인 비난, 지시, 명령, 비교, 단정, 부정적인 말투에서 벗어나야 한다. 그 대신 엄마는 의도적으로 긍정적이고 공감적인 언어, 칭찬과 격려의 말, 아이의 감정과 존재 자체에 대한 존중을 담은 표현을 더 많이 사용해야 한다. 단순히 "잘했어!"라고 말하는 것이 아니라, "네가 힘들어도 끝까지 해내려는 모습이 정말 자랑스러워", "네 생각을 솔직하게 나눠줘서 고마워", "엄마는 항상 네 편이야"와 같이 구체적으로 감정과 노력을 인정해 주는 메시지가 쌓일 때, 아이는 부모의 품에서 안전함과 인정받는 감정을 배우게 된다.

이런 긍정적이고 공감적인 대화를 반복하다 보면, 아이는 "내가 어떤 감정을 가져도, 어떤 실수를 해도 엄마는 날 사랑하고 믿어주는구나"라는 기본적인 신뢰를 갖게 되고, 자신의 감정을 점점 더 솔직히 표현하려는 용기를 얻게 된다. 감성 대화란, 아이의 입장에서 생각하고, 먼저 다가가 손을 내밀며, 겉으로 드러난 말뿐 아니라 작은 표정, 몸짓, 침묵까지 세심하게 읽어내며 "지금 기분이 좋지 않은 것 같아, 무슨 일이 있었니?", "힘들면 언제든 이야기해도 돼"와 같은 열린 관심을 보여 주는 것이다.

엄마가 아이와 감성적인 대화를 원한다면, 직접 마음을 열어 공감해 주고, 아이가 배려받고 따뜻한 관심을 받고 있다는 느낌을 전달해야 한다. 무엇보다도 엄마 자신이 자신의 감정도 솔직하게 표현하는 모습을 아이에게 보여 주면 아이도 감정을 숨기기보다 자연스럽게 나눌 수 있다. “오늘 엄마도 힘든 일이 있었어. 그래도 네가 늦게라도 와서 안아주니 금방 기운이 나네”와 같은 순간을 많이 경험할수록, 가족 간의 감성 교감은 깊어진다.

더 깊이 있는 감성 대화를 지속하려면, 엄마는 아이가 감정을 언어로 잘 표현하지 못할 때 먼저 감정의 언어를 읽어 주는 역할을 할 수 있다. 예를 들어, “요즘 어떤 것이 힘드니?”, “친구랑 무슨 일이 있었니?”와 같이 아이가 우회적으로 자신의 감정을 드러낼 수 있는 질문이나 말을 건네면 아이는 자연스럽게 스스로의 감정을 탐색하고 표현하게 된다.

긍정적인 대화는 아이가 자신의 감정과 경험을 믿고 나눌 수 있는 가장 건강한 울타리가 된다. 엄마와의 신뢰와 공감적 소통을 경험한 아이는 시간이 지나며 또래와의 관계, 선생님 ; 사회와의 관계에서도 자신의 감정과 생각을 위축됨 없이 말할 수 있는 자기 표현력과 사회성을 키워간다. 긍정적 대화의 힘이 쌓인 아이는 결국 자신에 대한 신뢰, 타인에 대한 열린 마음을 지닌 건강한 사회적 존재로 성장해 나가게 된다.

2. 서둘러 끌어내지 않고 끝까지 기다리기

아이와의 대화에서 가장 중요한 것은, 강요나 압박이 아닌 자연스러움과 기다림 속에서 아이 스스로 마음을 열어 대화에 참여하고 싶어지게 만드는 것이다. 아이가 엄마와의 대화를 피하는 이유는 대부분 과거에 겪었던 부정적 경험, 반복적으로 받아온 지시 · 비난 · 지적, 혹은 일방적인 전달 방식에서 비롯된다. 아이는 자기 감정이 존중받지 못하는 대화 환경을 반복적으로 경험하면 점점 마음의 문을 닫는다. 그래서 진짜 대화를 원할 때 부모가 해야 할 첫 번째 일은 충분한 여유를 가지고 아이의 마음이 열릴 수 있도록 배려하는 것이다.

대화를 시작하려고 할 때는, 언어를 억지로 끌어내는 것이 아니라, 아이의 속도와 감정 리듬에 맞춰 섬세하게 접근해야 한다. 예를 들어 "우리 민수가 요즘 표정이 조금 어두워 보여. 엄마는 네가 무슨 생각을 하고 있는지 정말 궁금하기도 하고, 한편으로는 조금 걱정도 돼"와 같이 먼저 엄마의 진심을 솔직하게 표현하는 말로 대화를 여는 것이 좋다. 이때 아이의 반응이 즉각적으로 오지 않더라도, 서두르거나 답을 요구하면 오히려 더 마음을 닫는다. "빨리 말을 해봐!", "엄마한테 말 안 할 거야?"와 같은 말은 조급함을 드러내는 신호이니 삼가야 하며, 아이가 말하고 싶지 않아 할 때는 "언제든 네 마음이 준비되면 엄마한테 이야기해도 좋아. 엄마는 항상 민수를 기다릴 수 있어"라고 전하며 존중과 여유의 기회를 주는 것이 바람직하다.

이렇게 기다림을 실천하는 과정은 아이에게 자기 감정을 스스로 정리할 시간적 · 정서적 여유를 줄 수 있다. 엄마가 당장 답을 듣지 못해도 안정적으로 곁을 지키며, 말하고 싶을 때마다 무한히 받아줄 준비가 되어 있다는 메시지를 자주 내비치는 것이 중요하다. 이는 아이에게 엄마가 결코 사라지지 않는 '심리적 울타리'로서 존재한다는 확신을 심어주고, 어느 날 조금씩 자기 얘기를 꺼낼 마음의 여유를 갖게 된다.

아이가 조심스럽게 이야기를 시작할 때, 엄마는 말의 내용뿐만 아니라 표정, 목소리, 몸짓 등 비언어적 신호까지도 세심하게 살피며 "아~ 그랬구나", "정말 그런 일이 있었구나", "응, 그래"와 같이 공감의 피드백을 반복적으로 주어야 한다. 고개를 끄덕여 준다든가, 미소를 지어 주는 작은 신호만으로도 아이는 자신의 생각과 마음이 무시당하지 않고 존중받는다는 안도감을 느낀다. 때로는 아이가 힘들고 조심스러운 고민을 털어놓을 때 "그 사실을 엄마한테 말해줘서 고마워", "네가 솔직하게 말해줘서 엄마는 정말 기쁘구나"라고 감사를 표현하면, 아이는 자기 개방에 대한 긍정적 기억을 쌓게 된다.

대화에서 특히 중요한 것은, 아이의 고민이나 고백이 생각보다 무겁더라도 엄마가 놀라거나 불안해하지 않고, 감정을 침착하게 유지해야 한다는 점이다. 만일 곧바로 "정말? 어떻게 그럴 수 있어?", "이런 일은 엄마도 처음 듣는 거야"처럼 감정적으로 동요하거나 당황하는 반응을 보이면, 아이는 다시 본심을 숨기고 마음의 문을 닫아버릴 수 있다. 엄마가 온전히 받아준다는 신호, 어떤 일이든 받아들이고 곁을 지킬 것이라는 믿음을 주는 태도가 아이에게 필요하다.

이처럼 대화 참여를 자연스럽게 이끌어 내는 것은 마치 아이가 안전하다고 느끼는 환경 안에서 자기 감정을 스스로 탐색하고 천천히 드러내는 단계와 같다. 부모는 아이의 이야기가 비록 당장 나오지 않더라도, 심리적 공간을 열어두고 묵묵히 곁에서 기다리며, 시선과 표정, 언어와 침묵 그 자체로 아이를 응원해야 한다. 때로는 엄마가 굳이 말을 걸지 않고, 함께 기분 좋은 음악을 듣거나 조용히 그림을 그리며 시간을 보내는 것만으로도 대화의 문이 천천히 열리기도 한다.

이 과정에서 부모가 보여 주는 안정감, 변함 없는 지원, 혹은 다정한 눈길과 자연스러운 손길은 아이에게 '언제든 내가 의지할 사람'이 있다는 신뢰를 심어준다. 이런 경험이 쌓이면 아이는 대화의 주도권과 선택권을 스스로 쥐고 자기 목소리를 내며 성장한다. 어머니와 아이 사이에서 차분하고 따뜻한 상호작용이 반복될수록, 가정은 '실패해도 괜찮고, 실망이나 두려움도 없는, 안겨도 되는' 진짜 대화의 터전이 된다.

결국, 엄마가 아이와의 대화를 유도할 때 필요한 것은 성급한 성과가 아니라, 감정의 흐름을 읽으며 긴 호흡으로 기다리고, 존중하며, 아이 편에 서주는 흔들리지 않는 믿음이다. 아이는 이런 든든한 바탕이 있을 때 비로소 마음을 털어놓고, 아이만의 속도와 방식으로 자신을 드러낼 수 있게 된다. 즉, 다정한 기다림과 진심이 쌓인 시간만큼 아이의 대화 참여는 점차 자연스럽고, 깊어지게 마련이다.

3. 아이만의 목소리를 발견하는 시간

유아기 아이와 효과적으로 소통하기 위해서는 무엇보다 아이의 눈높이에 맞추는 것이 필요하다. 이 시기의 아이들은 피아제가 말한 대로 물활론적 사고, 즉 사물이나 자연 현상까지 모두 살아 있다고 믿으며 자기 중심적으로 세상을 바라본다. '달이 나를 따라온다', '인형이 삐지면 울 거야', '토끼도 엄마가 보고 싶을 거야' 등 아이 특유의 상상을 한다. 부모가 듣게 되면 당황하거나 논리적으로 바로잡으려 드는 일이 많지만, 이 시기의 세계관은 자연스럽고 건강한 성장의 일부라는 사실을 기억해야 한다.

만약 아이가 상상과 감정이 가득한 말을 할 때 엄마가 "그건 말도 안 되는 이야기야", "달은 네 뒤를 따라올 수 없어", "인형은 살아 있는 게 아니야"라며 찬물을 끼얹거나 사실만을 강조하면, 아이는 자신이 이해받지 못했다고 느끼고 생각을 말하는 데 자신감을 잃게 된다. 실제로 반복적으로 "네 생각이 틀렸어"라는 반응을 경험한 아이는 점차 자신의 환상적 세계나 감정을 숨기게 되고, 일상에서 느끼는 소소한 감정조차 부모에게 솔직히 드러내기 어려워진다.

이와 같은 현상은 일상의 예에서 쉽게 볼 수 있다. 예를 들어, 비 오는 날 창문을 보며 "구름이 오늘은 울고 있는 것 같아"라고 말하는 아이가 있다면, 단순히 "비는 구름에서 물이 떨어지는 거야"라고 설명하기보다는 "정말 그런 것 같네! 오늘은 구름이 무척 슬퍼서 눈물을 흘리는 걸까?"라고 아이의 상상에 공감하고 호응해 주는 것이 중요하다. 이런 대화가 쌓이면 아이는 자기만의 생각과 감정을 더 자신 있게 표현하고, 엄마는 점점 깊이 있는 마음의 대화를 나눌 수 있는 고리를 얻게 된다.

위니컷은 대상관계이론에서 이러한 관계를 '심리적 울타리'로 표현했다. 아이가 마음껏 환상과 감정을 펼칠 수 있게 해주고, 엄마가 아이만의 생각과 감정을 온전히 받아주고 보호해 주는 '심리적 공간'을 보장할 때, 아이는 세상에 대한 기본적인 신뢰와 안정감을 쌓게 된다. 엄마의 민감하고 수용적인 반응이 아이의 자아 발달과 자기 감정의 적절한 표현력을 키우는 든든한 바탕이 된다. 이아는 자신이 느끼고 생각한 것이 일단 '받아들여질 만하다'는 경험을 통해 심리적 자유와 독립심을 키우고, 점차 부모와도 현실감 있는 상호작용을 시작할 수 있다.

구체적 사례를 들어 보면, 다섯 살 준희가 산책하다 마주친 강아지를 향해 "강아지가 오늘은 나랑 이야기하고 싶은가 봐!"라고 말했을 때, 엄마가 "강아지는 말을 못 해"라고 바로잡는 대신 "강아지가 준희를 정말 좋아하나 봐, 눈으로 우리한테 말하는 것 같네!"라고 반응하면, 준희는 자신만의 세계에 대한 존중을 느끼고, 엄마와의 관계에서도 정서적으로 더 깊은 신뢰를 쌓을 수 있다.

또 다른 예로, 아이가 인형을 침대에 눕히고 "얘가 오늘은 많이 아픈 것 같아. 병원에 데리고 가야겠어"라고 말하면, 엄마가 "인형은 사람 아니잖아"라고 딱 잘라 말하는 것이 아니라, "어쩌면 오늘 네가 기운이 없으니까 인형도 그런 마음이 들었나 보다"라며 아이의 감정과 경험을 공감하는 말로 대화를 이어나가면, 아이는 스스로 감정을 분별하고, 부모와의 소통에 더 적극적으로 참여하며, 자신의 감정과 타인의 감정 모두를 존중하는 능력을 키운다.

이처럼 공감적이고 융통성 있는 대화는 아이가 자신만의 상상력과 감성을 자유롭게 펼치는 경험을 충분히 하게 하고, 부모와의 관계에서 심리적 안전망을 자연스럽게 형성해 준다. 반대로, 엄마가 아이의 미발달된 사고나 환상에 대해 지나치게 사실적이거나 논리적으로만 접근해 고치려 한다면, 오히려 아이는 자신의 생각과 감정을 숨기게 되고, 대화의 창이 서서히 닫히게 된다. 결과적으로, 아이의 순수한 세계를 이해하고 존중해 주는 따뜻한 시선이, 아이 정신건강과 정서 발달, 그리고 부모와의 깊은 애착을 동시에 성장시킨다.

눈높이에 맞춘 대화란, 아이의 상상과 현실을 자연스럽게 잇는 다리가 되어 주는 것이다. 부모는 아이의 잘못된 행동만을 부드럽게 수정하되, 그 바탕에는 아이의 소중한 감성, 성장 과정에서 필연적으로 나타나는 자기 중심성과 환상성을 온전히 이해하고 받아주려는 노력이 필요하다. 이런 경험이 반복될수록 아이는 자신의 감정과 상상력을 솔직하게 표현하는 힘을 기르게 되고, 스스로의 세계를 자신 있게 탐색하는 건강한 어른으로 성장해 간다.

4. 생각의 울타리를 걷어내는 끝없는 질문놀이

아이와의 대화가 늘 비슷한 내용으로만 반복된다면, 아이의 감정 표현과 사고의 폭도 자연스럽게 제한될 수밖에 없다. 아이가 다루는 생각의 틀이 좁아진다는 것은 곧, 감정과 감성을 풍부하게 느끼고 표현할 기회도 줄어든다는 것을 의미한다. 실제로 많은 가정에서 부모와 자녀 사이의 대화는 "학교는 어땠어?", "밥은 다 먹었니?", "숙제는 했니?" 등 일상적인 확인에 머무는 경우가 많다. 이렇게 반복되는 대화는 아이가 느끼고 표현하는 감성의 지평을 점점 좁히고, 대화를 통한 정서적 교감도 얕아지게 만든다.

아이의 감성 발달을 촉진하기 위해서는 부모가 먼저 대화의 내용을 바꾸려는 노력이 필요하다. 아이가 생각해 보지 않은 것, 평소와는 다른 시각을 제시해 주는 경험은 아이의 언어 능력은 물론 감정 표현에도 깊이를 더해 준다. 예를 들어, 날씨에 대해 이야기하면서 "오늘 하늘 참 맑다. 그런 날엔 무슨 기분이 드니?", "이 나무는 어떤 이야기를 들려줄 것 같아?"처럼 새로운 관점으로 질문을 던지는 식으로 다양한 주제를 제안할 수 있다. 이런 접근은 아이로 하여금 단조로운 일상을 다양한 감성으로 해석하며 말로 표현할 수 있게 한다.

물론 아이가 처음부터 모든 주제에 관심을 가질 수는 없다. 대화를 이끌려고 새로운 주제를 억지로 밀어붙이면 오히려 아이는 관심 없는 주제를 강요받는 느낌을 받고, 감정을 닫아버릴 수 있다. 어떤 주제에 흥미를 보이지 않는 것도 그 자체로 아이의 정당한 감정이라는 사실을 받아들여야 한다. 어른의 관점에서 중요한 것이 아이에게도 흥미롭거나 의미 있는 것은 아니며, 대화라는 것은 무엇을 말하느냐만큼 어떻게 느끼고 반응하느냐가 중요한 것이다.

아이들의 언어는 자신의 경험에서 비롯된다. 특히 감정을 반영하는 대화는 추상적이고 머릿속으로만 생각하는 주제가 아니라, 실제로 자신의 눈으로 보고 몸으로 체험한 경험에서 더 풍부하게 나온다. 동물원에 다녀온 후 동물들의 행동과 표정을 이야기하거나, 주말에 가족이 함께 들은 음악을 다시 떠올리며 "그 순간 마음이 어땠어?"라고 묻는 식의 접근은 아이가 자신의 감정을 자연스럽게 떠올리고, 생각을 말로 풀어내는 기회를 주는 매우 효과적인 방식이다. 다양한 주제는 곧 다양한 감정을 불러일으키고, 그것은 아이 스스로 감정을 표현하는 능력을 발달시키는 중요한 기회가 된다.

단지 간접 경험만 강조하기보다는 가능한 한 직접 경험을 통해 대화할 수 있는 기회를 만들어 주는 것도 중요하다. 아이와 함께 자연을 산책하거나, 전시회를 관람하거나, 새롭게 가 본 공간의 분위기를 함께 이야기해 보는 것은 아이에게 생생한 감각 정보를 주고 정서를 자극해 준다. 그 경험을 바탕으로 대화를 시도하면 아이는 더 쉽게 자신의 감정을 떠올리는 동시에, 대화에 적극적으로 참여할 수 있게 된다. 직접 경험은 정서를 매개로 한 대화를 훨씬 더 구체적이고 감성적으로 만든다.

아이와의 대화에 있어 주제의 확장이라는 것은 단지 지식과 정보의 확산을 말하는 것이 아니다. 아이는 새로운 주제를 접하면 곧 그만큼 새로운 감정을 경험하게 되고, 그 감정을 표현하는 언어를 통해 감성 또한 자란다. 아침에 본 하늘을 이야기하다가 비슷한 색의 크레파스를 떠올리고, 좋아하는 만화 영화 속 주인공의 감정을 말하다가 자신의 감정을 빗대 말하는 것으로 자연스럽게 이어진다. 이는 감성과 사고, 언어와 관계, 경험과 느낌이 유기적으로 연결되는 매우 풍부한 정서의 흐름이다.

부모가 자주 반복되는 언어의 패턴을 의도적으로 바꾸고, 때로는 아이의 말 한마디에서 새로운 주제를 엮어내며 유도해 주는 연습을 한다면, 아이는 점차 다양한 생각과 감정이 대화 안에서 자유롭게 오가는 것을 자연스럽게 받아들이게 된다. 여기에 중요한 것은, 대화의 목적이 지식 전달이 아니라 감정 공유에 있다는 사실을 잊지 않는 것이다. 감성 중심의 대화를 통해 아이는 의미 있게 느끼고, 그 느낌을 스스로의 언어로 표현하는 동시에, 부모와의 애착과 상호 신뢰 또한 깊어진다.

결국 다양한 주제로의 대화는 감성 훈련의 출발점이 된다. 부모와의 풍성한 대화를 통해 아이는 세계를 바라보는 눈이 열리고, 감정을 조절하고 표현하는 방법을 체득하며, 타인의 말과 감정에도 민감하게 반응할 수 있는 공감 능력을 키운다. 이는 학습력뿐만 아니라 사회성, 자존감, 정서적 안정성 등 아이의 삶 전반을 뒷받침하는 내적인 힘으로 자리 잡게 된다. 이렇게 감정을 바탕으로 세계에 대한 경험을 확장하고 나누려는 노력이 쌓일 때, 비로소 아이의 감성과 삶은 더욱 풍성해지고 깊어질 수 있다.

다양한 대화 주제를 시도하는 방법

- 일상의 다양한 모습에 호기심을 슬쩍 첨가하기
  (오늘은 왜 하늘이 이렇게 맑을까? 동네에 왜 나무가 이렇게 많을까?)
- 새로운 경험 이후 감정 묻기
  (새로운 친구랑 처음 인사할 때 어떤 느낌이었니? 공연은 어떤 부분이 가장 인상 깊었어?)
- 동화책이나 TV 프로그램에서 느낀 점 이야기하기
  (이 동화 속 주인공이 마지막에 울었던 건 왜였을까? 너라면 어떤 선택을 했을까?)
- 부모 자신의 경험이나 감정을 공유하기
  (엄마도 어릴 때는 발표가 무서웠단다. 넌 어떤 기분이 드니?)

5. 틀려도 괜찮은, 각자의 생각 받아들이기

고정관념이란, 우리가 의식적으로 통제하지 않아도 무의식적으로 마음이 특정한 방향으로 쏠리게 하고, 나도 모르게 모든 행동과 판단에 강하게 영향을 미치는 사고의 틀이다. 어른이 된 우리는 이미 각종 삶의 경험, 사회 환경, 미디어, 가족 문화 등을 통해 다양한 고정관념을 형성하게 된다. 그러나 아이들은 아직 순수하고 유연한 사고와 감성을 가진 존재다. 세상을 바라보는 방식, 느끼는 감정, 표현하는 언어 등에서 제한되지 않은 자유로움이 바로 아이의 힘이다.

이런 맥락에서 어른, 특히 엄마는 자신의 고정관념이 아이와의 대화 중에 무심코 드러나지 않도록 조심해야 한다. 고정관념은 논리적 설득이나 지식 전달보다 대화의 분위기, 표정, 어투, 반응 등에서 자연스럽게 배어나오는 경우가 많다. 이를테면 "여자는 조용해야 해", "남자는 울면 안 돼", "넌 남자니까 씩씩해야지" 같은 성역할 고정관념이 대표적인 예다. 이런 말들은 가볍게 던져진다고 해도, 아이의 마음에는 깊은 흔적으로 남아 이후 성격, 감정 표현, 대인관계, 심지어 자아정체성의 기본 틀까지 좌우하게 된다.

성역할에 대한 고정관념은 특히 아이들의 감성 발달을 가로막는 주요 장애물이다. 여자아이가 활달하고 리더십이 강한 모습을 보일 때, 엄마가 "여자가 왜 그렇게 활발하니?", "여자아이는 얌전

해야 해"라며 제동을 건다면, 아이는 자신 안의 강점과 개성을 감추게 된다. 반대로 남자아이에게 섬세함이나 슬픔, 두려움을 표현할 때 "남자가 그런 감정은 참아야지", "울지 마" 같은 말을 하면, 남자아이 역시 자신의 감성을 솔직히 드러내지 못하고 내면에 억압하게 된다. 이런 경험이 반복되면, 감정은 점점 굳어지고 자연스러운 자기 표현과 감성의 확장은 위축된다.

성역할에 국한되지 않고, 다양한 사회·문화적 고정관념 역시 아이의 자유로운 감성과 상상력을 제한한다. "똑똑한 애는 공부만 해야 해", "운동을 잘해야 인기 있어", "네가 못하는 건 그냥 못하는 거야"와 같은 단정적인 말은, 아이의 성장과 가능성을 일찍부터 제한하는 결과를 낳는다. 부모로서 아이의 감성을 키워 주려면, 오히려 "모든 감정은 소중해", "남자든 여자든 누구나 울 수 있고, 기뻐할 수 있어", "네가 느끼는 그대로 말해도 좋아"와 같이 열린 태도와 격려, 정서적 허용의 분위기를 만들어 주는 것이 필요하다.

실제 일상에서 고정관념을 벗어나 자유롭게 감정을 표현할 수 있게 도와주는 방법은 다음과 같다.

- 아이가 느끼는 감정이나 표현을 "그럴 수도 있지"라고 인정해 준다.
- 성별이나 성격, 특기 위주로 칭찬하거나 제한하지 않고, 있는 그대로의 아이의 행동, 시도, 감정에 집중한다.
- 대화 중 "~답다", "~처럼"과 같은 비교 언어, 평가 언어, 획일화된 기준의 언어를 자제한다.

- 다양한 직업, 취미, 성격 등의 사례를 아이와 함께 이야깃거리 삼아 경험할 수 있게 한다. 예를 들어, 남자 간호사, 여자 소방관, 다양한 나라와 배경의 친구들 이야기를 자연스럽게 나눈다.
- 아이와 책이나 영화를 감상하며, 등장인물의 감정·행동·꿈에 대해 "너라면 어떻게 할 것 같아?", "이건 여자라서, 남자라서가 아니라 사람 마음이야"와 같은 이야기를 적극적으로 덧붙인다.
- 아이가 새로운 생각이나 감정을 표현하면, "네가 그런 생각을 해보니 엄마도 새로 배워", "엄마는 그렇게 생각해 본 적이 없는데 네 말이 참 신선해"처럼 긍정적으로 호응한다.

이처럼 엄마부터 자신의 고정관념을 매 순간 점검하고 내려놓으려 노력할 때, 아이는 한층 더 자유롭고 넓은 감성의 세계를 경험한다. 아이가 다양한 감정을 거리낌없이 느끼고, 자신만의 꿈이나 생각을 망설임 없이 표현하며, 세상에 구속되지 않고 자기 자신으로 온전히 성장할 수 있는 토양이 바로 "고정관념 없는 대화"에서 자라난다.

가정 안에서 자유, 존중, 공감, 그리고 차이를 있는 그대로 받아들이는 분위기가 형성될 때, 아이는 자신의 감성을 유연하게 펼칠 수 있다. 어느새 아이는 세상을 향해 자신의 감정을 또렷하게 표현하고, 남과 다른 경험도 존중하며, 다양한 꿈과 가능성을 찾아가며 성장하게 될 것이다.

6. 내일에 초점을 맞춰, 오늘도 꿈꿀 수 있도록

아이의 꿈은 부모, 특히 엄마와의 대화 속에서 자라고 방향을 잡는다. 아이가 무언가를 상상하고, 새로운 가능성을 머릿속에 그려 보는 경험의 중심에는 늘 엄마와의 관계가 있다. 엄마는 단지 아이의 보호자나 조언자가 아니라, 아이가 세상에 첫발을 내딛을 때 마주하게 되는 가장 가까운 대상이며, 아이 내면의 꿈과 희망, 불안과 두려움을 비추는 거울과 같은 존재다.

아이와 대화를 나눌 때 중요한 것은, 부모의 시각이나 논리가 아니라 아이의 언어와 감성, 그리고 아이만의 관점으로 이야기를 풀어나가는 것이다. 어른은 현실적인 한계를 쉽게 떠올리지만, 아이는 "난 비행기 조종사가 될 수 있어", "공룡 박사가 되고 싶어" 등 끝없이 꿈을 펼친다. 이럴 때 "그건 힘들 거야", "네가 할 수 있겠어?"라는 말보다는 "정말 멋진 꿈이네, 어떻게 그런 생각을 했니?", "그 꿈을 키우기 위해 엄마가 무엇을 도와줄 수 있을까?"처럼 아이의 상상과 바람을 있는 그대로 받아들이는 태도가 중요하다. 엄마가 아이만의 꿈을 존중하는 순간, 아이는 자신의 길을 더 멀리, 더 자유롭게 확장할 수 있다.

아이가 '꿈꿀 수 있는 여지'를 갖는다는 것은, 누군가 나를 비웃거나 즉각적으로 평가하지 않고, 새로운 시도와 상상을 해볼 수 있도록 충분히 기다려주는 엄마가 곁에 있다는 것을 경험하는 것이다. 이처럼 부모가 인정과 공감, 지지로 심리적 안전망을 만들어 줄 때, 아이는 실수하거나 길을 잃더라도 위축되지 않고 자율적으로 자신만의 미래와 목표를 만들어 간다. 엄마는 아이에게 보이지 않는 울타리, 다시 말해 실패와 좌절도 포용해 주는 안전한 피난처가 된다.

대화 속에서 진심 어린 질문과 호기심은 아이의 꿈이 성장하도록 돕는다. "오늘 무슨 일이 가장 재미있었어?", "네가 제일 좋아하는 놀이를 내일도 해볼까?", "만약에 무엇이든 할 수 있다면 어떤 것을 하고 싶어?"와 같은 열린 질문들은 아이가 자신의 내면을 더 들여다보고 구체적인 희망과 소망을 말할 용기를 주는 통로가 된다. 만약 아이가 "아직 하고 싶은 게 없는데…"라고 말해도 조급해하지 않고, 현재의 호기심과 관심을 활짝 환영하는 태도가 필요하다. 때론 아이의 꿈과 바람이 매일 달라져도, 엄마는 "네가 계속 새로운 걸 꿈꾸는 걸 보면 엄마도 재미있어", "어떤 꿈이든 네 마음에 진짜 와닿을 때까지 엄마가 같이 있어 줄게"라고 말할 수 있다.

그러나 아이가 꿈을 꾼다는 것은 단순히 미소짓고 응원하는 것만으로 끝나지 않는다. 실제로 아이들은 새로운 꿈을 이야기하다가 현실적인 벽이나 주변의 충고, 친구와의 경쟁, 실패의 경험 등으로 스스로 주저하거나 좌절하기도 한다. 이럴 때 엄마가 "힘들 수도 있지만, 시도해 보는 것 자체가 가치 있는 거야", "실패해도 괜찮아. 엄마는 네가 노력하는 모습을 제일 사랑하고 응원해"라고 말해주면, 아이는 실패와 도전, 반복과 시행착오도 꿈을 이루기 위한 당연한 과정으로 받아들일 수 있다.

이 과정에서 아이는 엄마와의 깊은 신뢰를 바탕으로 점차 자기만의 꿈을 만들고, 부모의 보이지 않는 지지 덕분에 현실과 이상을 통합해 가는 법을 배운다. 엄마는 아이가 혼자서 길을 찾고, 주저앉으면 다시 시작하고, 때로는 방향을 바꿔도 그 모든 과정을 기다려주고 받아주는 든든한 버팀목이 되어 준다. 이런 경험들이 쌓이며 아이는 자신의 감정과 소망, 가능성을 스스로 탐색하는 능력, 즉 건강한 자율성과 창조적 삶의 태도를 얻는다.

아이와의 꿈에 관한 대화는 "엄마는 네가 어떤 꿈을 꾸든 항상 응원할 거야", "네가 세상을 더 넓게 보고, 많은 것을 시도해 보는 게 엄마의 가장 큰 기쁨이야" 같은 진심 어린 지지가 깃든 메시지로 채워져야 한다. 엄마의 신뢰와 기대를 받은 아이는 세상이 크고 복잡해도 자신 있게 미래를 설계하고, 수많은 실패와 도전 속에서도 주체적으로 자신의 길을 걸어갈 용기를 얻는다.

궁극적으로, 아이의 꿈을 키워주는 엄마의 역할은 아이 뒤에 묵묵히 서서 자유롭게 탐색하고 실험하며, 아이 자신만의 미래를 만들어 갈 수 있도록 심리적 안전지대와 충만한 지지, 그리고 끝없는 신뢰의 배경이 되어 주는 것이다. 이런 환경 안에서 자란 아이의 꿈은 잠시 흔들리거나 접힐 수 있어도, 언젠가 더 크고 넓은 공간에서 힘차게 다시 펼쳐질 것이다.

제 6 장

도전하는 아이로 키우는 부모의 지혜

아이가 자신의 내면 깊숙한 가능성과 세상에 대한 신뢰를 품고 성장해 나가기 위해서, 무엇보다 중요한 것은 자신감이다. 인간의 마음을 들여다보면, 드러나는 생각과 판단, 명령 같은 의식의 일부만으로는 결코 설명할 수 없는 감정, 습관, 직감, 꿈, 상상 그리고 반복된 경험이 깊은 곳에 자리하고 있다. 특히 성장기의 아이들에게는 일상생활에서 반복적으로 접하는 경험과 주변의 지지는 모두 마음의 바탕에 축적되어 자신감의 기초가 된다.

아이의 잠재의식은 인생에서 힘들거나 도전적인 순간에 자신도 몰랐던 용기와 끈기를 끌어내 주는 에너지의 저장고다. 이러한 무형의 힘이 풍부하게 자라려면, 안정과 신뢰의 분위기 안에서 사랑받는 경험을 차곡차곡 쌓는 것이 중요하다. 부모, 특히 엄마가 아이를 따뜻하게 품어 주고, 고통이나 실패의 순간에도 무조건적인 지지와 안전함을 느끼게 해주는 환경에서 아이들은 스스로 더 큰 힘을 낼 수 있게 된다.

일상의 다양한 순간, 아이가 힘들거나 주저할 때 엄마가 보여 주는 조용한 기다림이나, 실수나 실패를 비난하지 않고 따뜻하게 품어 주는 태도는 아이의 마음에 깊은 흔적을 남긴다. 엄마가 완벽해야 할 필요는 없다. 때로는 아이가 실망하거나 좌절할 때 엄마 자신의 약함도 솔직하게 드러내고, 부족한 점을 인정하며 아이의 감정에 귀 기울여 주는 태도가 오히려 더 큰 신뢰를 쌓아 준다. 이런 유연하고 일관성 있는 돌봄과 반응에서 아이는 자연스럽게 "나는 괜찮은 사람이구나", "무엇이든 도전할 수 있겠다"는 긍정적 자기 확신을 얻게 된다.

아이와의 교감 속에서 엄마가 자주 보여 주는 따뜻한 손길, 다정한 눈빛, 고요히 곁을 지키는 존재감, 규칙적인 생활의 흐름 등은 아이에게 심리적으로 깊은 안정감을 부여한다. 이 안정감과 신뢰가 쌓일 때 아이는 실수해도 괜찮고, 도전 중에 좌절을 경험해도 무너지지 않는 내면의 힘을 키운다. 아이가 새로운 것에 시도하거나 모험을 할 때마다, 엄마가 "네가 애쓴 걸 엄마는 항상 알고 있어", "결과보다 네가 얼마나 용기 내어 도전했는지가 더 자랑스러워"라고 구체적으로 인정하고 격려해 줄 때, 아이는 자신이 믿어지는 경험을 반복하며 자신감의 뿌리를 굳힌다.

시간이 지나면서 이런 일상적인 격려와 받쳐주는 지지는 아이에게 자신의 능력을 스스로 탐색하게 하고, 자연스럽게 리더십이나 자기 주도적인 태도를 키워준다. 엄마가 아이의 성격, 감정,

시도와 실수, 작은 성공 하나하나를 있는 그대로 받아주며 믿어 줄 때, 아이는 "내가 선택하고, 실수하고, 다시 노력해도 끝까지 내 곁을 지켜주는 사람이 있다"는 든든함을 배운다. 이 든든함이 야말로 아이가 새로운 목표에 도전할 수 있는 용기와, 실패 앞에서도 좌절하지 않고 다시 일어서는 회복탄력성의 원천이 된다.

특히 아이가 어려움을 겪거나 불안을 느낄 때, 부모가 즉각적으로 해결해 주기보다는, 아이 스스로 생각하고 결정할 수 있도록 조심스럽게 물러선 뒤, 아이의 선택과 시도를 곁에서 조용히 응원해 주는 태도 또한 중요하다. 때로 아이가 주저하며 앞을 나아가지 못할 때에도, "엄마가 항상 널 믿고 기다릴게", "네가 어떤 결정을 하든, 네 힘으로 이겨내는 과정을 엄마가 제일 자랑스러워할 거야"와 같은 믿음의 메시지는 아이 스스로를 더 큰 가능성으로 이끄는 힘이 된다.

결국 아이의 자신감을 높인다는 것은, 아이가 태어날 때부터 이미 가지고 있던 힘과 잠재력, 그리고 미래에 이루고자 하는 꿈을 부모가 애정과 신뢰로 지속적으로 북돋우며, 아이가 성장의 다양한 국면을 통과하도록 지지하는 것이다. 엄마가 줄 수 있는 가장 큰 선물은 완벽한 조언이나 성취 아닌, 언제나 곁에서 먼저 신뢰하는 태도, 그리고 매일매일 반복하는 따스한 교감 자체다. 이러한 일상이 쌓여갈 때 아이는 내면으로부터 자연스럽게 "나는 할 수 있는 존재"라는 믿음을 품고, 어떤 도전 앞에서도 당당히 나아갈 힘을 갖게 된다.

1. 스스로 자랑스럽다고 느낄 수 있게 도와주기

아이들은 성장 과정에서 자기만의 존재감을 드러내고 싶어 하는 경향이 강하다. 특히 또래 집단 속에서는 호기심과 자기 과시욕이 자연스럽게 표출된다. "우리 집에 큰 TV 있다", "이번엔 해외여행 다녀왔어", "어제 가족끼리 호텔에서 맛있는 거 먹었다" 등 자신이 경험한 것을 자랑스럽게 이야기하고 싶어 하는 것은 성장기 아이들에게 아주 자연스러운 모습이다. 이런 과시와 자랑은 단순한 허세가 아니라, 스스로의 가치를 확인받고 싶은 마음, 엄마와 또래에게 "나는 특별한 사람이야"라고 인정받고 싶은 소망에서 비롯된 행동이다.

문제는 이러한 '잘난 척'이 엄마의 시각에는 겸손하지 못하거나, 지나치게 자기 중심적으로 보일 수 있다는 점이다. 여기에 무심코 "그러면 안 돼", "그런 건 자랑하는 게 아니야"라며 억누르거나, 겸손이라는 추상적 덕목을 강요하게 되면, 아이 속에 있는 긍정적 자아감과 자신감은 점차 힘을 잃고 만다. 아이는 실패나 실수 하나에도 위축되고, '나는 자랑할 만한 것이 없는 존재'라는 생각을 갖기 쉽다.

사실, 아이가 반복해서 "나 잘했지?"라고 확인받거나 집에서 '아는 척'을 할 때는, 엄마에게 인정받고 사랑받고 싶다는 내적 욕구의 표현일 때가 많다. 이때 억압하거나 무시하는 대신, 왜 이런 말을 하는지 아이의 심리를 진단해 보는 태도가 중요하다. "정말 멋지다!", "네가 그렇게 생각한 이유가 있을 것 같네"라며 감탄해 주고, 만약 상황상 과시가 과하거나 지나칠 때에는 "네가 잘한 건 알겠는데, 친구들한테는 자랑을 조금만 줄여보면 더 좋을 것 같아", "멋지게 행동하면서도 다른 사람 입장도 생각해 보자" 등 구체적이고 현실적인 조언을 곁들여 대화법을 안내하는 것이 효과적이다.

무엇보다 중요한 건, 아이의 진짜 동기가 인정 욕구나 자신감 부족에서 온 것이라면 그 마음을 단단히 채워주는 것이다. "엄마는 네가 해낸 걸 진심으로 자랑스럽게 생각해", "네가 실패해도 괜찮고, 실수해도 엄마는 항상 네 곁에 있어"와 같이 조건 없는 격려와 신뢰의 메시지를 반복적으로 건네는 것이 필요하다. 이렇게 아이는 점차 "나는 엄마에게 무슨 말을 해도 존중받고 사랑받는 존재다"라는 뿌리 깊은 믿음, 그리고 엄마와의 정서적 유대감을 품는다. 이 안전감과 든든함은 아이 내면에 "나는 괜찮은 사람이야, 나를 믿고 응원해 주는 엄마가 있어"라는 강한 자신감으로 자연스럽게 자라난다.

실제로, 우리는 아이의 뛰어난 잠재력을 충분히 바라보고 이끌어 주기보다, 어른의 잣대로 지나치게 한 방향으로 몰아가거나, 눈에 보이는 행동만 가지고 재단하는 실수를 하기도 한다. 역사 속에서 위대한 인물로 남은 토마스 에디슨 역시, 수도 없는 실패와 좌절의 시기를 거치면서도 포기하지 않게 만든 결정적 에너지는 바로 어머니의 변함 없는 격려였다. 에디슨의 어머니는 아들이 어떤 결과를 가져와도, 그의 시도와 노력을 있는 그대로 인정하고 응원했다. 그랬기에 에디슨은 수백만 번의 실험에서 실패할 때조차 좌절하지 않았고, 인생의 마지막까지도 끊임없이 도전하고 발명했다.

이처럼 '실패는 성공의 어머니'라는 말은 진심이다. 실패라는 경험이 반복되어 쌓일수록 아이는 새로운 도전 앞에서도 두려워하기보다는 "해보지 않고 후회하기보다 실수해 보고, 다시 일어나면 되는구나"라는 긍정적 태도와 회복탄력성을 기르게 된다. 부모가 지혜롭게 실패 경험을 수용해 주고 "실패해도 괜찮아, 엄마는 항상 네가 도전하는 모습을 자랑스러워해", "도전 자체가 네가 멋진 이유야", "시도한다는 것만으로도 이미 한 걸음 더 앞으로 가고 있는 거야"와 같은 말을 꾸준히 전해준다면, 아이는 실패 앞에서도 자신감을 잃지 않고 자신의 길을 당당히 걸어 나가게 된다.

결국, 아이와의 대화에서 꼭 필요한 것은 아이의 과시 욕구나 확인 행동을 무조건 부정하기보다는, 숨은 욕구와 마음을 세심하게 읽고, 격려와 인정을 통해 "넌 정말 멋있는 아이란다"라는 메시지를 꾸준히 심어주는 일이다. 이 믿음이 아이에게 깊이 뿌리내릴 때, 아이는 스스로 대견함을 느끼고 점점 더 자신감 넘치는 멋진 사람으로 성장해 간다.

2. 두려움보다 가능성을 먼저 이야기하기

아이는 엄마 마음대로 움직이는 인형도, 엄마가 계획한 대로만 자라는 존재도 아니다. 아이의 성장은 환경, 기질, 경험, 만남 등 수많은 변수와 함께 예측 불가능한 방향으로 펼쳐진다. 때로 엄마의 관심과 기대는 아이에게 든든한 버팀목이 되지만, 과도해지거나 일방적으로 전달될 경우 오히려 부담과 압력으로 다가올 수 있다. 아이가 실패나 혼란의 순간마다 스스로를 의심하게 되는 것은 바로, "나는 할 수 있다"는 근본적인 신념이 흔들릴 때다. 아이에게 무한한 가능성을 심어주고, 불확실성 속에서도 도전하게 하려면 무엇보다 엄마가 보내는 '신뢰의 메시지'가 절대적으로 필요하다.

실제로 많은 성공한 인물들의 생애를 보면, 한결같이 공통적으로 '인정'과 '존중', '지지'를 아끼지 않은 부모, 대부분 어머니의 존재를 꼽는다. 이들은 아이가 잘하든 못하든, 실패하든 성공하든 변함없이 "너라면 할 수 있다"며 믿어주고, 결과에 따라 사랑하거나 칭찬하지 않았다. 이런 부모의 태도는 단지 동기부여의 수준을 넘어, 아이 내면에 "나는 기본적으로 괜찮은 존재다"라는 자기 존중감과 자기 효능감을 심어준다.

교육심리학에 따르면, 아이는 특정 일의 결과에 관한 칭찬보다는, 노력과 과정을 인정받을 때 가장 크게 성장한다. 부모가 "네가 정말 열심히 해봤구나", "노력하는 네 모습이 멋지구나. 어떤 결과가 와도 넌 소중해"라고 말할 때, 아이는 일시적인 성공이나 실패에 연연하지 않고, 포기하지 않으려는 자기 동기와 회복탄력성을 키운다. 이는 성장 지향적 사고 방식(growth mindset)으로 이어져 시도, 실패, 도전, 변화 자체가 중요한 경험임을 체득하게 한다. 실제로 아동 상담과 자아개념 발달 분야에서는, 반복되는 좌절과 도전 속에서도 "너라면 꼭 할 수 있다"는 메시지를 받은 아이들이 실패 이후에도 스스로를 믿고 다시 시도하는 비율이 월등히 높다고 보고한다.

토마스 에디슨 사례는 이 원리를 가장 대표적으로 설명한다. 에디슨의 어머니는 아들이 수많은 실패를 거듭할 때마다, "네가 호기심이 많아서 발명가가 될 거다. 너라면 꼭 해낼 수 있다"는 말을 아낌없이 해주었다. 중요한 점은 "네가 발명품을 성공적으로 완성했으니 자랑스럽다"가 아니라, "시도하고 생각하며 자기만의 길을 묵묵히 걷는 그 자체만으로도 멋지다"는 존재 자체의 믿음을 꾸준히 전했기 때문이다. 에디슨이 수천 번 실패해도 다시 도전할 수 있었던 동력은, 실패를 바라보는 엄마의 흔들리지 않는 응원과 포용에서 나왔다.

이와 더불어 위니컷이 강조한 양육 환경처럼 '완벽하지 않은 세상, 실수해도 품어주는 관계, 조건 없는 지지와 기다림'의 경험이 가장 큰 안정감을 준다. 충분히 좋은 엄마란, 결과가 아닌 과정을 세심히 지켜보고, 아이가 자신의 길을 탐색하는 동안 물러나 기다려주며, 아이가 실패해도 언제든 돌아갈 수 있는 심리적 공간을 제공하는 사람이다. 이 공간이 마련되어 있을 때, 아이는 "내가 무엇이든 감히 도전해도 된다"는 믿음을 내면화하고, 도전 자체를 두려워하지 않게 된다. 더욱이 이런 환경에서는 아이의 자기 효능감, 회복탄력성, 도전정신이 자연스럽게 성장한다.

현장에서 아동교육, 상담, 심리치료 연구에서도 '지속적이고 비조건적인 지지'가 아동 자신감 회복의 가장 강력한 치료적 요인임이 반복적으로 드러난다. 긍정적 행동 지원 전략에서도 '실패한 것을 꾸짖지 않고, 끝까지 지지하며 아이가 시도하고 싶었던 마음 자체를 인정하는 것'이 아이의 자기 개념 확립과 감정 조절, 또래 적응에 압도적으로 긍정적인 영향을 미친다고 강조된다. 실제로 현장에서 "나는 네가 할 수 있다고 믿는다"라고 반복적으로 이야기해 주었을 때, 아이들의 자발적 시도가 크게 늘고, 도전적 과업에서도 쉽게 포기하지 않으며, 타인의 실수나 실패에도 더 너그러운 태도를 보이게 되는 사례가 많다.

또한 어린 시절 "엄마는 언제나 네 곁에 있고, 결과가 무엇이든 넌 소중하다", "네 속도가 느려도 괜찮으니 네가 하고 싶은 만큼 도전해 봐"와 같이 일상에서 자주 반복된 격려는, 아이가 부모에게 쌓은 신뢰관계 자체가 성인기로 이어지는 회복탄력성의 토대가 된다. 많은 연구에서 "끊임없이 노력한다면, 실패하는 횟수만큼 성장할 수 있다"는 신념을 반복적으로 경험한 아이가, 막막한 현실 앞에서도 다시 시작할 힘을 찾는다는 결과도 보고되고 있다.

실제 현장 사례에서도, 학습, 운동, 예술 등 특정 영역에서 일시적 좌절을 겪었던 아이에게 엄마가 "너라면 꼭 할 수 있다", "이 실패도 네 인생의 한 부분일 뿐, 엄마는 네가 포기하지 않으리라고 믿어"라고 따뜻하게 말해준 뒤, 아이가 다시 도전을 결정하거나 자기만의 해답을 만들어 낸 일이 반복적으로 발생했다. 이런 경험이 반복될수록, 아이는 그 어떤 실패도 '자기 꿈을 찾기 위한 과정'이란 점을 받아들이고, 현실에서 원하는 목표를 향해 계속 나아가게 된다.

결국 아이에게 정말 유효한 메시지는 "결과가 좋아서 너를 사랑하는 게 아니라, 너의 존재 자체, 시도 자체가 소중하다. 네가 도전하고 넘어지더라도, 다시 일어나야 할 가치가 있다. 나는 네가 할 수 있다고 믿는다"라는, 결과와 관계없는 무조건적 믿음과 인정이다. 이 세심하고 따뜻한 격려와 신뢰가 충분히 쌓일 때, 아이는 외부 환경의 변수에 흔들리지 않고 자신의 가능성을 믿으며 마음껏 꿈을 펼칠 수 있다.

나아가, 아이가 원하는 목표를 향해 시도할 때마다, "실패해도 상관없으니, 네가 도전한다는 것 자체가 이미 너무 멋진 일이다", "배운 만큼 네 꿈을 향해 계속 나아가면 된다", "너의 시도 하나하나에 엄마는 진심으로 박수를 보낸다"라는 말로 마무리해 보자. 이렇게 신뢰와 격려, 인내와 수용의 메시지가 꾸준히 전달될 때, 아이는 자기 내면에 뿌리 깊은 자신감, 자기 확신을 품고, 어떤 시련 앞에서도 "나라면 꼭 할 수 있다"는 믿음으로 끝까지 자신의 길을 걸어가게 된다.

3. 중간에 멈춰도 괜찮으니 다시 시작하는 힘을 길러주기

아이를 강하게 키운다는 것은 단순히 결승선을 먼저 통과하는 성취감만을 주는 것이 아니다. 진정한 강함은 고난이나 실패, 예상치 못한 방해에 부딪혔을 때 절대 포기하지 않고 다시 일어서는 힘에서 비롯된다. 아이가 어떤 목표에 열정을 쏟고 시도했을 때, 기대한 결과가 바로 나오지 않으면 쉽게 주저앉거나 실망하는 경우가 많다. 이때 부모는 "포기하지 마라"는 메시지를 말로만 전달하는 것이 아니라, 행동과 분위기로 지도해야 한다.

결과 중심의 격려나 단순한 승리의 칭찬을 넘어, 실제로는 그 과정에서 쌓아가는 작은 시도와 반복된 노력이 갖는 의미에 대해 함께 이야기해 주는 것이 현명하다. 아이가 무엇을 하든 그 과정에서의 성실함과 끈기를 인정해 주고, 시도 그 자체를 미리 칭찬해 줄 때 아이는 잠시 멈추거나 헤맬지라도 다시 시도할 용기를 얻게 된다. 바로 이런 반복의 힘이야말로 강인한 자기 동기와 회복력을 기르는 핵심이다.

실패나 난관에 직면했을 때, 부모가 당장 해답을 제시하거나 재촉하는 대신, 아이라면 누구나 흔들릴 수 있음을 이해하고 조용히 곁에 머물러 주는 것이 포기하지 않는 태도 형성에 효과적이다. 아이가 불안하거나 힘겨운 감정을 겪을 때, 그 마음을 충분히 수용하고 "힘들면 잠시 쉬어도 괜찮다", "여기까지 온 것도 멋진 일이야"라고 다독여 주는 태도가 결국 변화를 촉진하는 힘이 된다. 이렇게 실패와 좌절이 삶의 자연스러운 일부임을 반복적으로 경험할 때, 아이는 내면에서 "나는 다시 시작할 수 있다"는 자기를 신뢰하는 힘을 키운다.

포기하지 않는 태도는 일상 속 다양한 시도에서 조금씩 형성된다. 아이가 매일 새롭게 어려움을 마주하고, 조금씩 한계를 극복하는 과정 속에서 자신의 성장을 실감할 수 있도록, 부모가 과정 하나하나에 의미를 담아주고, 변화와 인내를 칭찬해 줄 필요가 있다. 예를 들어, 어느 날 시도했던 일이 실패로 끝나더라도 부모가 "도전하는 그 마음이 더 값지다"고 인정한다면, 아이는 실패에서 부끄러움이 아닌 배움과 긍정의 기운을 얻게 된다.

사회적 비교와 외적 평가가 만연한 환경에서 아이가 자신의 속도로 천천히 나아가도 괜찮다는 안정적인 분위기를 조성해 주는 것도 중요하다. "쉬워 보여도 너만의 속도로 가도 괜찮아", "모든 건 다시 시도할 수 있다"와 같은 열린 메시지가 반복될 때, 아이는 과정에서 실수와 멈춤, 혹은 느림조차 건강한 성장의 일부로 자연스럽게 받아들이게 된다.

이는 부모가 물리적으로 곁에 있어 주는 것뿐 아니라, 아이가 어떤 감정을 드러내든 언제든 환영받고 지지받는 존재임을 계속해서 보여 주는 것과 맞닿아 있다. 심리적으로도 '항상 돌아올 수 있는 든든한 울타리'가 있다는 인식이 있어야 아이는 두려움 없이 새로운 일을 시도할 수 있고, 실패해도 자신을 탓하기보다 다시 도전하는 태도를 갖게 된다.

포기하지 않는 힘은 친구 관계, 학습, 예체능, 놀이 등 모든 삶의 영역에서 점차 확장되어, 아이 스스로 '성공'이란 한순간의 좋은 결과가 아니라, 일상에서 흔들릴 때마다 다시 시작하는 태도라는 사실을 배우게 한다. 실제로 반복되는 실패와 시도, 도전과 흔들림의 경험을 여유롭게 받아 주는 부모 곁에서는 아이가 자신만의 속도로 성장한다. 결국 아이에게 필요한 것은 목표에 얽매이기보다, 스스로 이루고 싶은 걸 찾는 과정 자체를 존중해 주는 육아 분위기다.

마지막으로, "실패해도 괜찮아, 엄마는 언제나 너를 믿어", "포기하지 않는 너의 모습이 정말 멋지다"는 격려가 일상적으로 쌓일 때, 아이는 삶의 고비마다 흔들리지 않고 자신만의 길을 포기하지 않고 끝까지 도전할 수 있다. 이런 내면의 힘은 어느새 자기가 하고 싶은 일을 꿋꿋하게 밀어붙이고, 진정으로 자신을 이끌 수 있는 원천이 되어 준다.

제7장

아이 감정을 슬기롭게 다루기

부모가 처음 아이를 키우기 시작하면 가장 당황스럽고 마음이 흔들리는 순간이 바로 아이의 '투정'과 '짜증'을 마주할 때일 것이다. 경험이 부족할수록 부모는 "왜 아이가 이렇게까지 떼를 쓰고 말을 듣지 않을까?", "이렇게 계속 들어줘도 되는 걸까 아니면 단호하게 끊어야 할까?" 혼란스럽고 속수무책일 수밖에 없다. 아이의 투정은 단순히 무질서한 행동이나 훈육의 실패로만 볼 것이 아니라, 발달 과정에서 자연스럽게 나오는 심리적 신호이며 정서의 표현임을 좀 더 넓은 시각에서 바라볼 필요가 있다.

아이의 투정에는 반드시 이유와 욕구, 발달적 배경, 그리고 그 아이만의 심리적 필요가 숨어 있다. 부모가 눈앞에서 벌어지는 투정만 보고 즉각적으로 제지하거나 단순히 응석으로만 받아들이기 쉽지만, 조금 더 깊이 들여다보면 투정은 아이가 자신의 요구, 감정, 혹은 좌절을 온몸으로 표현하는 중요한 방식이다. 실제로 전문가들은 투정을 단순히 참고 견디거나, 무작정 제지해버리는 것보다는 근본적인 원인을 찾아 접근하는 것이 장기적으로 훨씬 효과적이라고 조언한다.

투정의 발생 원인은 크게 여섯 가지 정도로 정리된다.

첫 번째, 아이가 뭔가를 스스로 시도해 보고 싶은데 부모가 안전, 시간, 상황 등의 이유로 제지할 때 아이는 자기 의지가 무시당했다는 좌절감에 투정을 부릴 수 있다.

두 번째는, 아이 자신이 필요로 하는 것(예: 간식, 포옹, 관심 등)이 즉시 채워지지 않거나 엄마가 그 신호를 제대로 읽지 못할 때다.

세 번째, 주위 기대치가 자신의 능력보다 훨씬 크다고 느끼거나, 충분한 인정을 받지 못한다고 생각될 때 아이는 서운함과 불안을 투정이나 울음으로 표출한다.

네 번째, 지나친 보호와 만족, 일관성 없는 규칙 아래에서 자란 아이는 감정 조절력과 자기 통제력을 충분히 배우지 못해 불만이나 불안정한 정서를 투정으로 해소하려 한다.

다섯 번째, 아직 언어 및 행동 조절력이 미성숙하여 하고 싶은 일이나 욕구를 말로 설명하거나 성취하지 못할 때, 무기력 및 자신감 상실과 함께 투정이 나타날 수 있다.

마지막으로, 자기 감정을 인식하고 표현하는 능력이 전반적으로 부족할 때, 내면에 쌓인 억울함, 짜증, 슬픔 등을 정확히 표출하지 못하면서 투정이 되풀이되기도 한다.

특히 유아기에는 모든 것이 자기 중심적으로 보이기 마련이다.

엄마가 자신을 충분히 이해해 주지 않는다고 느끼는 순간, 아이는 조급하고 원초적인 감정 반응으로 "싫어!", "이거 해줘!", "지금 아니면 안 돼!"와 같은 반항적인 태도 및 과격한 몸짓으로 감정을 쏟아낸다. 이때 제대로 원인을 찾기보다는 "이렇게 하면 안 돼!"라고 강압적으로 훈육하거나, 반대로 "어쩔 수 없지" 하며 무조건 받아주게 되면, 아이는 잘못된 행동 원칙과 감정 조절 방법을 배우지 못한 채 성장하게 된다. 실제로 음식, 옷, 외출, 놀이, 잠자리 등 각종 일상 행동에서 드러나는 투정은 대부분 "내 욕구와 감정을 이해받고 싶다"는 메시지의 변형이다.

문제는 일관성 없는 대응과 즉흥적인 반응이 아이의 투정 행동을 '강화'하거나, 오히려 좌절과 억압을 심화시켜 부정적인 정서와 행동의 악순환을 만든다는 점이다. 예를 들어, 한 번은 엄격하게 대하다가 다음엔 피곤하다는 이유로 쉽게 들어줘 버리면, 아이는 혼란 속에서 "투정을 하면 원하는 걸 얻을 수 있다"는 잘못된 신호를 받아들인다. 반면, 끊임없이 단호하게 제지하면 "내 감정은 존중받지 못한다", "표현하면 할수록 혼난다"고 내면화한다. 이 과정에서 자존감은 위축되고, 미래에도 욕구나 감정을 건강하게 표현하지 못한 채 공격성, 우울, 소극적 관계 스타일로 이어질 수 있다.

투정과 짜증은 대략 생후 18~24개월쯤 나타나며, 뇌와 언어, 인지, 정서의 발달이 빠르게 진행되는 이 시기에 독립심과 자기주장이 폭발적으로 늘어난다. "엄마 싫어!", "내가 할 거야!", "지금 당장 해줘!"와 같은 세찬 감정 표출은 어찌 보면 매우 건강한 자아의 성장 신호다. 다만 이 시기를 "심한 떼쓰기"나 "문제행동"으로만 오해하여 강제적으로 잠재우거나 무시한다면, 아이는 자기 감정과 욕구를 부정적인 방식으로 표출할 수밖에 없다.

아이의 투정은 그 자체로 유아기 성장 과정의 필연적 현상이다. 어떻게 다루느냐에 따라 내면에 쌓인 정서와 사회성, 자존감, 감정 조절력까지 아동기에 이어서 일생의 발달 경로에 영향을 줄 수 있다. 궁극적으로 부모는 아이의 투정을 그저 짜증스럽고 불편한 행동이 아니라, 내면 세계를 외부로 표현하기 위한 중요한 메시지로 바라봐야 한다. 이런 존중과 관심에서 출발해, 욕구와 감정을 깊이 들여다보고, 건강한 소통과 적절한 훈육 전략으로 안내할 때 아이는 "나도 충분히 괜찮은 존재고, 내 감정도 소중하게 다뤄진다"는 믿음을 품고 성장하게 된다.

이후 이어질 각 소단원에서는 이론과 실제 사례를 토대로, 투정을 줄이고, 궁극적으로 자기 조절력이 강한 아이로 자랄 수 있도록 돕는 구체적인 방법들을 단계적으로 소개할 것이다. 부모로서 할 수 있는 가장 현명한 투정 대처법은, 아이의 투정 속에 숨어 있는 진짜 목소리와 메시지를 귀 기울여 듣고, 따뜻하게 이해하는 데서부터 시작됨을 꼭 기억해야 한다.

1. 투정 속에 숨은 마음, 감정의 뿌리부터 만져주기

'투정'은 아이가 자아를 형성하고 자신만의 주체성을 키워가는 자연스러운 과정에서 누구에게나 나타나는 현상이다. 아직 언어로 자신의 감정과 욕구를 충분히 설명하지 못하는 시기, 아이는 울음, 짜증, 떼쓰기 등 비언어적 표현을 통해 자신의 마음을 알리고 엄마의 주의를 끌고자 한다. 이는 단순히 버릇없는 행동이 아니라, 내면에 있는 결핍이나 인정에 대한 요구이며, 무엇보다 "내 마음을 알아줬으면" 하는 강한 욕구의 직접적인 표현이다.

영아기에는 밤에 잠에서 깨어 불안해지거나, 익숙하지 않은 환경에서 낯설음을 느낄 때 아이는 엄마 품을 찾고, 다정하게 달래주거나 자장가를 불러주길 원한다. 엄마가 관심을 주지 않으면 투정과 울음으로 자신의 감정을 표출하는 것은, 관계 맺기와 애착 형성의 핵심 기제가 된다. 유아기로 성장하면서, 아이들은 더 강하게 '스스로 해보고자 하는 욕구'가 커진다. 식사, 옷 입기, 세수 등 뭐든 직접 하겠다고 나서지만 능력과 의욕 사이에는 늘 차이가 있다. 시도는 엉성할지라도, 자율성과 성취감을 얻고 싶어서이고, 누군가가 이 의욕을 무심하게 막거나 깎아내릴 때 아이는 더 거칠게 투정을 부릴 수 있다.

투정은 에너지와 감정이 풍부하고 표현력이 활발한 아이들에게 더 두드러지게 나타난다. 주위를 조종하거나, 엄마의 반응을 이끌어 내고 싶거나, 누적된 피로와 좌절이 많을 때 더욱 확연해진다. 특히 엄마가 완벽하고 지배적인 스타일일수록, 아이는 감정 통제권을 스스로 가지기 위해 더 센 투정으로 반응하거나, 처벌을 피하기 위해 짜증, 울음, 몸부림 등 행동적 전략을 개발하게 된다. 이 과정에서 중요한 것은, 투정이라는 행동 자체를 억압하거나 보상적으로만 대응하면 오히려 부정적 강화가 되어 장기적으로 행동이 심화될 수 있다는 점이다.

아이가 겪는 투정의 절정은 유아 시기에 오며, 이후에는 언어, 인지, 사회성이 성장함에 따라 점차 대화와 협상으로 욕구를 조율할 수 있게 된다. 그러나 아직 감정 조절력이 미숙하면, 자신의 욕구가 충족되지 않을 때 또는 불만의 원인이 잘 이해되지 않을 때, 의도치 않게 물건을 던지는 행동이나 심하게 짜증을 내기도 한다. 이러한 반응은 욕구 자체보다는 '지금 내 마음을 꼭 좀 알아 달라'는 신호임을 잊지 않아야 한다.

따라서 엄마는 투정하는 아이 속에 무엇이 부족한지, 힘들고 서운한 감정의 뿌리가 무엇인지 알아내는 데 먼저 온 마음을 써야 한다. 때로는 아이의 미숙하고 유치한 요구도 진심으로 들어주고 격려해 주면, 아이는 자기 감정이 존중받았다는 경험을 하고 스스로 욕구를 완화시키기도 한다. 폭력적이거나 위험한 행동, 다른 사람을 해치는 경우가 아니라면 가능한 한 아이의 감정과 요구를 수용하고, 그래도 안 되는 경우에는 온화하게 설명해 주고 대안을 제시하는 과정이 필요하다.

중요한 것은, '반드시 고쳐야 하는 나쁜 습관'이라는 생각만으로 제지하거나 엄마의 기분에 따라 즉흥적으로 반응하면, 아이는 점점 더 큰 투정으로 엄마의 애정을 확인받으려 하거나, 반대로 내면의 감정을 닫아버릴 수 있다는 점이다. 반대로, 엄마가 차분하게 아이의 심리적 신호를 이해하고 "속상하구나, 엄마가 도와줄까?", "네가 얼마나 힘들었는지 말해줄래?"와 같은 다정한 질문과 지지의 말을 건네주면, 아이는 점차 말로 자신의 감정을 표현하는 법을 배우게 된다.

투정은 아이가 자기 세계와 감정을 건강하게 탐색하는 과정이다. 엄마가 아이의 마음을 어루만지며 다정하게 반응할수록, 아이는 스스로를 이해하는 힘과 안정감, 그리고 궁극적 자기 조절력까지 키워가게 된다. 무엇보다 엄마가 아이의 행동 뒤에 감춰진 마음을 헤아리려 노력할 때, 아이는 "내 마음이 통하는 엄마가 있다"는 든든함과 함께 긍정적 자존감이라는 성장의 씨앗을 품게 된다.

2. 말하는 방법 함께 익히기

아이들이 투정을 부리는 이유 중 하나는, 스스로의 욕구를 적절하게 표현하는 방법을 미처 배우지 못했기 때문이다. "나 이거 먹고 싶어", "이 놀이 하고 싶어", "지금은 잘래" 같은 간단한 표현조차도, 아직 충분히 언어 능력이 발달되지 않았거나 감정 조절력이 부족한 시기에는 아이가 머릿속으로만 생각하다가 결국 불안, 짜증, 울음 등의 방식으로 바깥으로 터져 나오게 된다. 이런 감정의 폭발은 욕구가 갑작스럽게 좌절당했을 때 특히 심하게 나타나며, 부모 입장에서는 예상치 못한 순간에 터지는 아이의 행동에 당황하게 되는 일이 잦다.

문제는 이러한 순간에 어른이 순간적인 감정으로 대응하거나, 아이의 투정을 그저 버릇없는 행동이라 여기고 직선적으로 훈육해 버릴 경우, 아이는 자기가 느끼는 불편함이 왜 그런지, 어떻게 해결해야 하는지를 배울 기회를 잃게 된다는 것이다. 특히 아이가 욕구를 평화롭게 말로 전달하려는 시도 없이 떼를 쓰는 행동이 습관화될 경우, 그 아이는 점차 감정을 조율하고 상황을 바르게 표현하는 능력보다는 주변을 자신의 욕구에 맞게 조종하려는 방식에 의존할 위험이 커진다.

이때 부모가 도와줄 수 있는 가장 효과적인 방법 중 하나는 "공손한 표현의 힘"을 가르치는 것이다. 아이는 처음부터 감사와 정중함을 활용하는 말을 할 수 있는 능력이 있는 것이 아니라, 주변 어른들을 통해 배우고 흉내 내며 익히게 된다. 그렇기에 투정을 부리는 상황이 찾아올 때마다 단호하지만 따뜻하게, 아이의 감정을 수용하면서도 대안적으로 '어떻게 이야기하면 엄마가 들어줄 마음이 생기는지'를 반복적으로 보여 주는 것이 중요하다.

예를 들어 아이가 큰 소리로 성을 내며 "이거 사 줘! 지금 당장!"이라고 소리를 질렀을 때, 어른이 "그렇게 말하면 엄마는 듣고 싶지 않아"라고만 말하는 대신, "너무 가지고 싶은 마음이 크구나. 그런데 그렇게 말하면 엄마 마음은 멀어져. 만약 '엄마, 이거 꼭 갖고 싶은데 생각해 줄 수 있어요?'라고 이야기하면 엄마도 더 귀 기울이게 돼"라고 구체적인 말투와 태도를 알려주는 방식이다. 아이는 처음에는 서툴고 어색할 수 있지만, 반복적으로 어른의 시범과 설명을 통해 상황에 어울리는 표현 방식을 배우게 된다.

또한 중요한 것은, 아이가 공손하게 표현했을 때 그 변화에 즉각적이고 꾸준한 반응을 줘야 한다는 것이다. "지금처럼 조용하게 얘기해 주면 정말 듣기 좋아", "말하는 태도가 멋져서 엄마가 기쁘다"와 같이 태도 그 자체를 인정받는 경험을 할 때, 아이는 점차 말의 내용뿐 아니라 그것을 전달하는 방식에서도 성숙하게 성장해 간다. 말투와 태도, 감정을 조절하려는 시도는 어릴 땐 미숙하지만, 부모의 인내를 통해 충분히 반복 연습된다면 아이는 말로 자기 생각을 전달하고, 더 이상 떼쓰지 않아도 원하는 것을 스스로 이끌어 낼 수 있다는 성취감을 느끼게 된다.

단순히 "공손하게 말해"라고 명령하듯 말하는 것보다, 아이와 함께 역할 놀이처럼 상황을 만들어 연습하거나, 어른이 먼저 본보기를 보여 주는 것도 효과적인 방법이다. 아이와 인형 놀이를 하며 "곰돌아, 네가 부탁할 땐 어떻게 말하는 게 좋을까?", "이렇게 말하면 엄마가 더 듣고 싶을 것 같아"라고 말해주면, 아이는 자연스럽게 행동을 따라 하며 배운다. 이런 간접적인 지도 방식은 아이가 거부감을 가지지 않으면서도 현실의 상호작용에 잘 적용할 수 있는 능력을 길러준다.

중요한 점은, 아이가 공손하게 말했음에도 불구하고 어른이 귀찮거나 바쁘다는 이유로 무시하거나 모호하게 반응하면, 오히려 "공손하게 말해도 안 되는구나"라는 잘못된 결론을 내리게 된다는 것이다. 그렇기에 아이가 예의 바르게 표현했을 땐, 부모가 반드시 관심을 갖고 진지하게 반응해야만 아이의 태도 역시 긍정적으로 유지될 수 있다.

그리고 때로는 아이에게 그 욕구를 당장 들어줄 수 없다 하더라도, 그 과정을 설명하고, "엄마도 지금 준비가 필요해. 하지만 네가 예쁘게 부탁해 줘서 고맙고, 엄마가 꼭 기억할게" 같은 응답을 통해 아이가 표현한 방식은 옳았다는 확신을 심어주는 일이 필요하다. 이렇게 하면 아이는 자신의 요구가 비록 즉시 이루어지지 않더라도, 그것을 전한 방식이 존중받고 있다는 느낌을 통해 자기 감정 표현을 더 성숙한 방식으로 조절할 동기를 갖게 된다.

공손하게 부탁하는 방법을 가르치는 일은 단순한 언어 교육을 넘어, 아이가 욕구를 조절하고 타인의 감정을 고려하며 사회 안에서 조화롭게 살아가는 힘을 길러주는 과정이다. 아이는 그런 과정을 통해 자율성과 책임감을 동시에 배우고, '내가 투정을 부리지 않아도 원하는 것을 이룰 수 있다'는 중요한 사회적 기술을 체화하게 된다.

아이의 투정은 무력감과 혼란이 감정의 언어로 흘러나온 것이다. 이 감정의 파동 위에, 엄마가 공손한 표현이라는 작은 배를 띄워주면, 아이는 그 배로 자신의 마음을 건네는 법을 서서히 배워 나가게 된다. 그렇게 아이는 자신의 감정을 말로 풀 수 있고, 떼를 써야만 원하는 것을 얻을 수 있다는 굳은 믿음 대신, 연습과 배려를 통해 자연스럽게 세상과 소통하는 법을 터득하게 된다. 이는 단순한 훈육이 아닌, 한 사람의 마음을 키우는 과정인 것이다.

3. 타인의 감정과 입장 생각하게 돕기

자신의 욕구가 강하고 떼쓰기가 잦은 아이일수록, 생각이나 행동의 중심이 자신의 입장에만 머무는 경향이 두드러진다. 이런 자기 중심성은 유아기라면 자연스러운 발달 단계이지만, 자기 욕구나 감정을 지나치게 앞세우고 타인의 감정을 무시하는 경험이 반복될 경우, 아이는 점차 자신의 목적만이 정당하다고 믿고 상대방의 존재나 감정, 요구는 부수적인 것으로만 여기기 쉽다. 실제로 많은 아이들이 울고 떼쓰며 원하는 것을 얻으려 할 때 '지금 내가 얼마나 힘든지, 내가 얼마나 이걸 갖고 싶은지'만 호소하며, 그 행동이 엄마나 가족에게 미치는 영향을 스스로 조망하지 못한다.

이때, 아이가 '내가 원하는 대로만 밀어붙여도 되는' 사람이 아니라, 세상은 나 외에도 수많은 감정과 욕구가 섞여 살아가는 다양한 존재들이 함께 있는 곳임을 배우도록 이끄는 건 매우 중요하다. 바로 이 타인에 대한 배려, 역할 바꾸기, 공감적 사고가 아이의 사회성과 정서적 성장, 그리고 건강한 자아개념 형성의 핵심이 되기 때문이다.

예를 들어, 어떤 아이가 장난감을 갖겠다고 투정을 심하게 부리거나, 먹고 싶지 않은 음식을 앞에 두고 큰 소리로 버티며 엄마를 곤란하게 만들 때, 그 상황을 단순히 "이렇게 하면 안 돼!"라는 즉각적 제지로만 끊지 않고, "지금 네 욕구도 소중하지만, 엄마 입장에선 지금 바로 들어주기 어려운 점이 있단다"라고 말하며 엄마의 입장을 천천히 설명해 주는 과정을 반복한다. 아이가 자신의 요구만 계속 주장할 때, "만약 네가 엄마라면 이런 상황에서 어떻게 할 것 같아?" "너라면 친구가 네 장난감을 뺏을 때 어떤 기분일까?"처럼 역할을 바꿔 상상해 보게 하는 방식으로, 자연스럽게 타인 시점의 감정을 접하도록 돕는 것이다.

이런 방식으로 아이가 점차 "내가 무언가를 원할 때 상대방도 그만큼 부담을 느낄 수 있구나", "내가 짜증을 내면서 떼를 쓰면 엄마도 피곤하고 속상할 수 있겠구나"라는 인식을 조금씩 체득할 수 있는 타인 조망수용능력이 발달해 간다.

실제로 성장 과정에서 타인의 감정에 대한 이해와 배려, 즉 공감 능력이 자연스럽게 자리 잡는 경우, 친구관계에서 갈등이 생기더라도 감정 폭발이나 일방적인 주장, 혹은 짜증만으로 상황을 끌고 가지 않게 된다. 자신이 원하는 것이 모두 이루어지지 않아도, "다른 사람은 나와 다르게 느끼는구나", "내가 원하는 것만큼 엄마도 자신의 시간이 필요하구나"라는 깨달음이 쌓이면, 의사소통이나 사회적 관계 전체가 훨씬 부드러워진다.

이런 태도는 단순히 설명이나 논리적 설득만으로 가르쳐지지 않는다. 반복적으로 상황과 감정을 교환하며, 어른이 몸소 자신도 타인을 배려하는 모습을 보여 주는 것이 무엇보다 중요하다. 부모가 집안에서 "아빠가 오늘은 힘들어 보여서 조금 조용히 해줄까?", "동생이 피곤하니까 네가 장난감을 조금 나눠주면 어떨까?"라고 말하는 모습, 혹은 자신의 감정을 솔직하게 털어놓으며 "엄마도 오늘 피곤해서 쉬고 싶어"라고 이야기하는 과정 모두, 아이가 '관계'란 의사와 의사, 감정과 감정이 만나는 복잡한 장이라는 것을 체험하게 만든다.

아이는 처음에는 당연히 자기 감정에만 집중한다. 하지만 부모가 타인의 감정, 부모 자신의 감정, 또 가족 전체의 상황을 다양하게 드러내 주면 아이는 조금씩 질문과 생각의 폭을 넓힌다. "네가 지금 장난감을 갖고 싶은 것처럼, 동생도 갖고 싶을 수 있단다", "네가 안아달라는 말에 엄마가 바로 반응하지 못할 때는 엄마도 뭔가 힘들고 필요한 게 있었던 거야"와 같은 말이 반복될수록, 아이는 점차 '나만 중요한 세상'에서 '함께 살아가는 세상'으로 시선을 옮긴다.

특히 자신의 감정이 수용된 경험이 많은 아이는, 타인의 감정을 거부감이나 두려움의 대상으로 받아들이지 않는다. 자신이 원하는 바를 늘 주장하기보다, 상대방이 왜 지금 그럴 수밖에 없는지, 어른이나 친구의 상황을 한 번쯤 짚어보고 배우려는 여유가 생긴다. 때로 대화를 통해 "그래, 네 마음도 이해해. 하지만 엄마의 입장도 좀 생각해 볼래?"라는 메시지가 반복된다면, 아이는 곧 버릇없는 떼쓰기가 아니라, 소통과 타협, 배려에 한 단계 더 가까워질 수 있다.

아무리 어린아이라도 부모가 꾸준히 "상대방의 마음도 느껴 보자"는 메시지를 전하면, 아이의 내면에는 "내가 원하는 것도 중요하지만, 너의 감정도 소중하다"는 관계의 균형 감각이 차곡차곡 쌓인다. 특히 다양한 상상 놀이, 역할 바꾸기, 이야기 나누기 등을 활용하면, 아이는 단순히 규칙을 암기하거나 명령을 따르는 수준을 넘어, 세상을 여러 시점에서 이해하고 공감하는 습관을 체득하게 된다.

아이에게 "떼쓰면 안 돼" "다른 사람 기분도 생각해야 해"라고 말로만 지도하는 대신, 잠시 멈추어 "내가 지금 이걸 원하지만, 다른 사람이 어떻게 느낄까?", "다른 사람도 역시 내 감정처럼 간절함이 있을까?"를 함께 상상하며 말로 이끌어 주는 과정이 반복될 때, 아이는 점차 적극적인 배려의 태도를 자기 것으로 익히며, 자기 중심성을 넘어 진짜 사회성을 갖춘 아이로 성장하게 된다.

이렇듯 배려는 단순히 예의범절이나 규칙의 암기가 아니라 아이의 정서적 안정, 공감력, 건강한 자아개념을 자극하는 중요한 힘이다. 자존감, 또래관계, 자기 조절력, 심지어 사회생활 전반까지 긍정적으로 작동하는 배려의 힘은, 유아기 때부터 가족 내에서 부드럽고 일관되게 반복된 생활 속 안내와 경험에서 비롯된다. 더 나아가 "나는 내 마음만 소중한 게 아니고, 주변 사람들의 감정도 존중할 수 있어"라는 자신감과 인간관계의 기본기를 가진 아이로 성장한다는 점에서, 일상의 작은 반복과 꾸준한 대화의 힘을 절대 과소평가해서는 안 된다.

4. 함께 규칙 만들고, 결정 과정 직접 참여시키기

아이와 함께 생활 계획을 세우거나 새로운 규칙을 정할 때, 가장 중요한 출발점은 아이에게 선택과 결정을 직접 경험하게 하는 데 있다. 만약 모든 계획과 규칙이 부모의 일방적 권위로 정해지고 강요될 경우, 아이는 그것을 자신의 일로 받아들이지 않고, 실천하지 못했을 때에도 자신의 책임을 느끼지 않는다. 오히려 "엄마가 시켰으니 못 해도 엄마 탓"이라는 단순 논리에 빠지고, 자기 행동의 결과에 대한 자율성과 책임감을 갖기 어렵다. 이런 상황이 반복되면 아이는 스스로의 삶을 주도적으로 꾸려보려는 의욕과 자기 조절력마저 점점 약해질 수 있다.

동의를 이끌어 낸다는 것은 곧 아이가 자신이 짜낸 생활 계획이나 약속, 규칙이 진짜 자신의 것이라고 느끼게 만드는 과정이다. 이때 가장 중요한 것은 계획 자체의 완성도가 아니라, 아이 스스로 '생각하고 이야기하고 결정하는' 경험 그 자체다. 부모는 아이와 마주 앉아, 꼭 무엇을 해야 하는지 하나씩 직접 대화를 나누고, 아이의 의견을 진지하게 듣고 고개를 끄덕여 주는 태도를 가져야 한다. 아이의 생각이 미숙하거나 성숙하지 않게 보여도, 그 생각이 존중받는 경험이 쌓일수록 아이는 스스로를 믿고 결정을 내릴 힘을 키우게 된다.

예를 들어 일과표를 짤 때, 단순히 "이 시간엔 공부, 그 다음엔 청소, 그 다음엔 놀아라"라고 지시하는 것이 아니라, "오늘은 네가 하고 싶은 것과 해야 할 것을 같이 넣어볼까?"라고 제안하는 것이다. 그리고 "무엇을 먼저 하고 싶니?", "이걸 해낸 다음엔 어떻게 쉬고 싶어?", "눈 감고 생각해 보고 네가 정해볼래?" 같은 질문을 통해 아이가 자신의 목소리를 자연스럽게 끌어내도록 도와주는 것이 필요하다. 이 과정에서 아이가 낸 의견이 엉뚱하거나 받아들이기 어렵더라도, "엄마는 네 생각이 궁금해. 혹시 이런 건 어떨까?"라고 대안을 제시할 수 있다. 중요한 것은 최종 결정 전에 아이와 부모의 생각이 충분히 교환되고, 결정 과정에 직접 참여했다는 경험 자체가 아이의 마음속에 뿌리내리게 하는 것이다.

이처럼 동의의 과정을 통해 아이는 단순히 지시를 따르는 수동적 존재가 아니라, 자신과 가족의 작은 사회 규칙을 만들어 가는 주체적인 사람임을 경험한다. 이런 경험은 향후 또래관계, 학교 규칙, 사회적 약속 등 더 넓은 관계에서 책임감과 협동, 자기 조절의 핵심적 근거가 된다. 무언가를 스스로 정하고 실행한 아이는 목표에 도달하지 못했을 때 핑계를 대거나 남을 탓하지 않는다. 오히려 "내가 약속했으니 지켜야지", "내가 만든 규칙이니 더 잘 해보고 싶어"라는 마음을 갖는다.

아이들이 자신의 의견이 반영된 약속을 지키지 못했을 때, 비난보다는 "우리가 함께 약속한 일이니까 다시 한번 시도해 볼까?", "이 부분이 어려웠으면 다음엔 어떻게 하면 더 쉬울까?"처럼 아이의 입장을 먼저 물어보고, 다시 계획을 수정하거나 시도하는 기회를 제공하는 태도가 필요하다. 실패와 재도전, 변화와 보완을 자연스럽게 경험하게 하는 것이다. 이를 통해 아이는 유연하게 문제를 조정하고, 자율적으로 다시 시도하는 힘을 배운다.

동의를 이끌어 내는 과정이 반복되면, 아이는 점점 자신의 생활과 감정에 주인의식을 갖게 되고, 무언가를 요구할 때도 "이렇게 하면 어떨까요?", "다른 방법도 해볼 수 있어요?"처럼 대화와 협상의 태도를 익혀간다. 이러한 경험을 통해 아이는 궁극적으로 사회적 약속과 타인과의 합의, 그리고 의사소통이란 것이 일방적 명령이나 강요가 아닌, 함께 머리를 맞대고 생각을 나눈 후 동의를 만들어 가는 것임을 삶 속에서 익히게 된다.

동의를 이끌어 낼 때 유념할 점은, 부모 역시 자신의 생각과 감정을 솔직하게 표현하고, "나는 이런 의견인데, 너는 어떻게 생각하니?", "둘 다 만족할 수 있는 방법을 찾아보자"라는 태도를 보여 주는 것이다. 그리고 아이와 합의가 된 약속, 규칙은 가족 전체가 함께 공유하고 지킨다. 이 과정에서 부모가 약속을 쉽게 어기거나 예외를 두면, 아이 역시 "약속이란 그때그때 바꿀 수 있는 것이구나"라고 오해할 수 있다. 규칙, 계획을 성실히 지키는 부모의 모습이 곧 강력한 본보기가 된다.

갈등이 생길 때 합의점을 찾으려는 시도와 결정을 존중하는 대화 습관은, 아이에게 자기 조절력과 책임감을 심어준다. 또한 내가 내린 결정을 지키려는 마음, 선택의 결과를 스스로 받아들이는 태도가 아이의 내적 동기를 강화하고 궁극적으로 투정이나 떼쓰기 행동을 건강하게 줄여준다.

결국 동의를 이끌어 내는 과정은 아이의 자율성과 관계성, 책임감, 조절력, 소통력까지 두루 키우는 가장 효과적인 성장의 밑거름이 된다. 아이가 스스로 자신의 삶을 설계하고 부모와 신뢰어린 협력을 경험할 수 있도록, 생활 속 작은 결정부터 아이의 참여와 동의를 이끌어 내는 노력을 놓치지 않아야 한다.

5. 감정적 힘겨루기 끊는 단호함과 일관성 유지하기

아이의 투정에 대처하는 현명한 방법으로서, 때로는 의도적으로 무관심한 태도를 유지하는 것이 필요하다. 아이가 자신이 원하는 대로 되지 않을 때 보이는 강한 감정 표출, 즉 떼쓰고, 울고,

버둥거리는 행동은 자연스러운 성장 과정이지만, 이러한 행동이 반복될수록 아이와 부모 모두 감정적으로 지치게 된다. 부모가 대화, 설득, 합의, 칭찬, 배려 등의 다양한 시도를 반복한 뒤에도 투정이 멈추지 않는 상황에서는 투정 그 자체를 더 이상 반응하지 않고 무시하는 전략이 오히려 가장 효과적일 수 있다.

아이의 투정을 무시해야 하는 이유는 명확하다. 투정이란 본래 어른의 태도와 반응을 강하게 기대하고 아이가 원하는 바를 관철시키려는 행동인 경우가 많다. 투정이 반복되는 동안 엄마가 매번 반응해 주거나, 마음이 약해져 요구를 들어주게 되면, 아이는 "이렇게 하면 내 뜻이 통한다"는 믿음을 마음에 새기게 된다. 처음엔 단순한 요구였던 것이 점점 행동의 패턴이 되고, 통제 불가능한 상황으로 번지기도 한다.

투정 행동을 의도적으로 무시하고, 감정적으로 휘둘리지 않으려면 부모의 깊은 인내와 자기 통제가 필수적이다. 아이가 공공장소에서 바닥에 드러눕거나, 울음과 몸부림으로 어른의 반응을 끌어내려고 할 때, 엄마는 주변의 시선과 곁눈질, 타인의 간섭을 견뎌내며 조용히 태도를 유지해야 한다. 상황이 힘들수록 아이의 투정에 말려들지 않고, 차분하게 태도를 견지하는 어른의 모습에서 아이는 점차 "이런 행동으론 원하는 것을 얻을 수 없다"는 경험을 내면화한다.

이런 방식으로 무관심을 일관되게 지속하다 보면 몇 가지 변화가 나타난다.

- **투정 행동의 빈도 감소** : 어른이 더 이상 반응하지 않으면 아이는 점차 다시는 투정해도 소용없다는 인식을 배우게 된다.
- **투정을 통한 보상 사라짐** : 투정을 부리더라도 결과가 전혀 달라지지 않을 때, 아이는 다른 방법으로 자신의 욕구와 감정을 표현해야 함을 깨닫는다.
- **자기 조절력 향상** : 시간이 흐르며, 아이는 자신의 감정을 더 차분히 다루는 법, 엄마와 좀 더 효과적으로 소통하는 법을 익혀간다.
- **관계의 힘겨루기 종결** : 엄마와 아이 사이에 반복되던 "누가 이길까"라는 힘겨루기 구도 역시 자연스럽게 끝난다.

단, 투정을 무시한다는 것이 아이의 모든 감정과 욕구를 외면해야 한다는 의미는 아니다. 감정 표현 자체를 억압하거나, 아이가 위험한 행동이나 자기 자신, 타인에게 해를 끼칠 때조차 냉정한 태도로 일관해서는 안 된다. 중요한 것은 "투정을 통해서는 더 이상 원하는 결과를 얻을 수 없다"는 경계를 명확히 세우되, 평상시에는 따뜻한 관심과 공감을 바탕으로 아이의 진짜 감정과 욕구를 충분히 수용하고 채워주려는 노력을 병행하는 것이다. 엄마가 투정을 무시하는 태도와 동시에 평소 열린 대화와 애정, 규칙적인 협의 과정을 일관되게 겸할 때, 아이는 건강한 감정 조절력과 자기 표현 방식을 동시에 배운다.

투정을 무시할 때 생길 수 있는 반작용도 이해하고 준비해야 한다. 처음에는 '더 세게 화내기', '더 오랜 시간 몸부림치기' 등 강도가 심해질 수 있다. 하지만 엄마의 태도가 변하지 않고 끝까지 일관된다는 경험이 반복되면, 아이도 어느 순간 "더 이상 이렇게 해봐야 소용없다"는 감각적 깨달음을 얻게 된다.

투정을 무시하는 원칙은 일관성에서 힘을 얻는다. 한 번은 들어주고, 한 번은 무시하는 식으로 변덕스럽게 대응하면 오히려 아이가 더 혼란스러워지고, 투정 행동은 줄어들지 않는다. 부모가 분명한 신호를 보내고, 투정이 아닌 건설적인 대화, 공손한 부탁, 타인의 입장 고려 등 이전에 익혔던 대화법으로 돌아오면 그에 대한 보상과 칭찬을 풍부하게 제공해야 한다.

무시 전략이 가장 효과를 발휘하는 상황은 아이의 투정이 특정한 욕구 충족이나 습관화된 관심 끌기로 반복될 때다. 단, 아이가 통제감을 잃고 매우 불안해하거나, 장시간에 걸쳐 심각한 정서적 동요를 보일 때는 즉시 중단하고 아이 상태를 세밀히 살펴야 한다.

결국 투정에 무관심으로 일관한다는 것은 감정적으로 아이를 포기하거나 멀리하는 것이 아니라, "네가 원하는 것을 얻기 위해선, 다른 방식이나 솔직한 대화, 예의 바른 요청, 타인의 입장 이해를 익혀야 한다"는 삶의 큰 원리를 가르치는 것이다. 부모의 일관되고 단호한 태도는 아이의 자기 조절력, 인내심, 감정의 건강한 해소법까지 길러 주는 든든한 버팀목이 된다. 투정을 무시하는 시간은 부모와 아이 모두에게 성장의 계기가 되며, 시간이 흐른 후 아이는 자신만의 성숙한 감정 표현 방식을 찾아가게 될 것이다.

제3부

아이의 세상을 넓히는 부모의 지도

제8장

실전!
놀이를 통한 사회성 지도법

1. 사회성 발달, 어디서 어떻게 시작될까?

사람은 혼자서 세상을 살아갈 수 없다. 누구나 가족, 친구, 이웃, 선생님과의 관계 속에서 상호작용하며 성장한다. 이렇듯 인간이 다른 사람과 함께 관계 맺고 더불어 살아갈 수 있는 힘, 바로 이것이 '사회성'의 근본 바탕이 된다. 아이들은 태어나면서부터 부모와의 정서적 애착을 통해 신뢰를 쌓고, 점차 세상을 확장해 가며 사회적 기술과 규칙, 질서, 협동 같은 다양한 사회적 행동을 체험하게 된다.

본격적으로 사회성이 발달하기 시작하는 시기는 영유아기다. 아주 어린 아기는 주로 부모나 가족과 가까이에서 애착과 교감을 쌓지만, 활동력이 늘고 언어가 발달하면서 자기만의 세계를 넘어 또래에 관심을 보이며 사회적 놀이의 단계로 나아간다. 만 2~3세 아이들이 혼자 장난감을 만지작거리거나, 같은 공간에서지만 따로따로 노는 평행놀이를 보이던 모습은 조금씩 달라진다. 만 4~5세가 되면 "같이 하자", "내가 엄마 역할 할래"라고 하며 자연스럽게 친구나 형제, 유치원 친구들과 함께하는 놀이 속으로 들어간다.

이때 놀이 상황은 자연스러운 '사회성 발달의 장'이 된다. 아이들은 놀이에서 규칙을 익히고, 줄을 서거나 물건을 양보하고, 자신의 뜻이 관철되지 않을 때 감정을 조절하는 경험을 반복한다. "내가 먼저 탈래"를 외치며 때론 다투기도 하고, "먼저 하던 친구 순서가 있으니까 기다리자"며 차례를 배우기도 한다. 이렇게 반복적 사회적 상호작용을 경험하면서 아이는 자기 중심성에서 조금씩 벗어나 '너와 나', 나아가 '우리'라는 공동체 감각을 키운다.

사회성 발달엔 놀이만큼 자연스럽고 즐거운 환경이 없다. 규칙이 있는 게임, 역할놀이, 협동을 요하는 블록놀이 등이 그 예다. 단순히 신체적인 재미만이 아니라, 함께 규칙을 정하고 약속을 지키며 때로는 타협하고 양보하는 과정에서 사회적 규범과 예절이 저절로 몸에 배게 된다. 놀이 도중 문제 상황이나 갈등이 생길 때마다, 아이는 직접 해결책을 찾으려 애쓰거나 친구와 감정 조절 대화를 주고받는다. "미안해", "다음엔 네가 먼저 해" 같은 말이 실제 상황에서 반복되면서 아이들 사회성은 한층 단단해진다.

또래와의 놀이를 통해 아이는 자신만의 감정이나 생각을 표현하는 데에서 그치지 않고, 때로는 이해심 많은 역할을 맡기도 하며, 서로 도와주고 위로해 주는 경험을 쌓는다. 인형놀이나 가족 역할놀이에서 "나는 선생님, 넌 학생"처럼 역할을 나누고 새로운 세계를 만드는 상상을 하며, 말과 행동, 몸짓을 통해 타인을 이해하고 입장을 바꿔 보는 훈련을 자연스럽게 한다. 이러한 역할놀이는 인지 발달은 물론, 자기 표현력, 공감력, 문제 해결력까지 고루 성장시키는 중요한 기회가 된다.

사회성은 한 번 배우면 끝나는 것이 아니라, 성장 단계마다 새로운 모습으로 확장된다. 유아 때는 놀이 중심, 초등학교로 올라서면 규칙이 더 많아진 스포츠 게임, 팀워크가 강조되는 단체 활동, 더 넓은 친구관계 속에서의 협동심과 책임감, 나아가 대인관계의 다양한 전략이 필요한 토론과 집단과제까지 접하게 된다. 사회성은 곧 '나를 알아차리고, 내 생각을 당당히 말하며, 동시에 남의 감정도 존중하는 힘'으로 발전한다.

이러한 발달의 밑거름에는 적절한 놀이 환경이 필수다. 아이가 자유롭게 친구와 가족, 다양한 연령의 아이들과 관계 맺고 어울릴 수 있는 환경이 마련되어야 한다. 너무 제한적이거나 일방적 지도 · 훈육 위주의 환경에선 아이가 자기 표현이나 새로운 관계 맺기를 두려워하거나 수동적인 태도를 보일 수 있다. 반면, 집 안이나 야외에서 자연스럽게 어울릴 기회, "오늘은 무슨 놀이를 하고 싶니?" "네가 정한 규칙도 들어보고 싶어" 같은 부모의 관심과 수용적 태도가 반복된다면, 아이는 불안이나 소심함 대신 열린 사회성과 건강한 대인관계 욕구를 키울 수 있다.

부적절한 놀이 환경이나 타인과의 갈등을 무조건 강하게 통제하거나, "그럴 땐 그냥 참아야지!" "별일 아닌데 왜 그래?"라고 감정을 무시하는 훈육만 반복되면, 아이는 감정 표현을 위축하거나 자기 방어적인 성향을 키울 위험이 커진다. 이는 이후 성장 단계에서도 자신과 타인을 이해하고 사회적 목표를 이룰 때 부족함을 경험할 수 있다.

최근엔 다양한 역할놀이, 상황극, 협동게임, 집단 창작활동이 사회성 교육의 필수 요소로 활용되고 있다. 실제로 병원에서 의사 · 간호사 역할을 하거나 소방관 놀이, 가상 가족놀이처럼 아이들이 실생활에서 경험하지 못한 다양한 세계를 상상하고 몸소 참여할 때, 사회적 규범과 도덕성, 리더십, 협력정신이 동시에 자란다. 나아가, 자신과 비슷하거나 다른 배경의 친구들과 어울리며 다양한 시각, 문화, 가치를 배우기도 한다.

부모와 교사의 역할은 놀이를 지켜봐 주고, 적절한 지지와 민감한 중재로 아이가 규칙과 협동, 감정 조절 경험을 반복하게 하는 데 있다. 아이가 다툼이나 고민을 털어놓으면 "그럴 수 있구나", "네 마음은 어땠니?", "다음엔 어떻게 하면 다 같이 즐겁게 놀 수 있을지 생각해 볼까?"처럼 감정을 존중하고 긍정적으로 대화로 연결해 주는 것이 곧 사회성을 키우는 실질적인 교육이 된다.

사회성은 결국 타인과의 크고 작은 갈등을 겪고, 그 과정에서 자기 감정과 타인의 감정을 정교하게 분별하며, 협동과 양보, 소통, 공감, 책임감을 몸에 익히는 '삶의 힘'이다. 살아가면서 만나는 모든 관계, 학교와 사회생활, 미래의 조직 생활까지도 사회성을 밑바탕으로 더 건강하게, 더 넓게 펼쳐 나갈 수 있다. 영유아기부터 놀이와 상호작용을 충분히 누릴 수 있도록 도우면, 아이들은 자연스럽게 자신감과 배려심, 사회 속 주체적인 나로 성장해 간다.

2. 일상놀이가 아이 사회성을 키운다

"논다"라는 말은 우리 일상에서 단순히 시간을 보내는 것으로 여겨지기 쉽지만, 그 속에는 훨씬 더 깊은 의미가 들어 있다. 놀이는 곧 '함께한다'는 의미를 품고 있다. 인간의 생존과 직접적으로 연결된 활동, 즉 먹고 자고 하는 일이나 의무적인 노동을 제외한, 모든 신체적 · 정신적인 활동이 놀이다. 놀이의 본질은 생활상의 이해관계나 목적에서 벗어나 자발적으로 몰입하고, 즐거움과 홍겨움을 온전히 느끼는 자유로운 활동에 있다. 그래서 진정한 놀이는 재미있어야 하며, 함께하는 사람 모두를 끌어들일 수 있는 공감력이 깃들어야 한다. 동시에 현실의 여러 제약과 시간, 장소, 의무 등에서 한층 벗어난 해방감, 그리고 자신이 주인공이라는 느낌이 보장될 때 '놀이'라는 명칭이 제대로 자리한다.

요즘 부모들은 아이가 잘 자라기 위해 '좋은 경험'을 시켜줘야 한다는 압박감을 자주 느낀다. 문화센터, 미술관, 박람회 등 여러 체험 장소로 데려다주는 일이 '놀아주는 것'이라고 오해하는 경우도 많다. 하지만 실제로 놀이는 일회성 행사나 체험학습이 아니라, 집 앞 놀이터에서, 모래바닥 한 켠에서, 매일 반복될 수 있는 일상 속 자연스러운 활동에서 더욱 깊이 있게 이루어진다. 부모는 종종 "놀이는 그저 시간 낭비가 아닐까?", "놀지 말고 공부나 했으면 좋겠다"는 마음을 가지게 되지만, 실상은 반대다. 좀 더 자유롭고 즉흥적인 놀이를 충분히 경험한 아이가 나중에 더 유연하게 적응하고, 새로운 문제를 만나도 능동적으로 사고하며, 적극적으로 인간관계를 맺을 수 있다.

아이들은 놀이를 통해 주어진 시공간 안에서 모험을 시도하고, 크고 작은 도전을 경험한다. 동네 놀이터의 미끄럼틀을 오르내리고, 모래 위에 손도장 발도장을 찍으며, 때론 친구와 다투는 순간에도 자신만의 규칙과 성장의 의미를 만든다. 놀이 안에서는 어른이 미리 정해준 방향대로만 움직이는 것이 아니라, 아이 스스로의 자발적인 힘이 만개한다. 문화센터에서 선생님이 이끄는 프로그램도 분명 의미 있지만, 진짜 놀이에서는 아이의 개성과 생각, 허락된 자유, 자발성이 훨씬 더 크게 자란다.

이 과정에서 다치는 경험이나 갈등, 작은 실수와 실패도 자연스럽게 일어난다. 친구와 삼삼오오 어울려 팀을 나누고, 눈치를 보며 협동과 경쟁을 넘나들면서, 아이들은 타인의 입장을 유연하게 받아들이는 훈련도 하게 된다. "내가 이겨서 좋다!"에서 "함께 해서 더 재미있다", "다음 번엔 네가 먼저 해" 같은 양보와 배려, 협력의 힘이 조금씩 자라나게 된다. 갈등 상황이 생기면, 때때로

울거나 화를 내기도 하지만 불화나 상처 역시 관계 기술의 중요한 학습장이 된다. 아이들은 놀이를 반복하면서, '다툼을 풀고 화해하는 법', '자기 감정을 솔직히 표현하면서도 조절하는 법', '내가 원하는 것과 남이 원하는 것이 다를 때 중간 지점을 찾는 법' 등을 조금씩 체득해 간다.

이렇듯, 놀이가 품은 힘은 단지 신체적 기쁨에 머물지 않는다. 신체 운동만이 아니라, 규칙을 만들고 지키며, 친구와 다양한 상황을 조율하고 타협하는 힘, 자기 감정과 욕구를 문장과 표정, 행동으로 드러내면서도 사회적 신호를 읽는 능력이 함께 자란다. 놀이 속에서 아이들은 협동을 하고, 새로운 친구와 연결되며, 창의적 아이디어를 엮고, 때로는 때에 따라 주도권을 바꾸는 리더십, 또는 수용적 태도 등 폭넓은 경험을 쌓는다.

실제로 공교육 현장에서 만나는 교사들은 "요즘 아이들이 함께 어울려 놀거나 집단 내에서 갈등을 평화롭게 해결하는 힘이 예전보다 약해졌다"고 말한다. 쉬는 시간에 무엇을 해야 할지 몰라 방황하거나, 누가 리더를 하자고 하면 따라만 다니며 자기 주장을 펼치지 못하는 경우도 많다. 전문가들은 이런 변화의 원인 중 하나로 놀이의 부족, 놀이의 본질에 대한 오해, 그리고 놀이의 자유로움을 충분히 누리지 못하고 체험 중심 · 결과 중심 · 관리 중심으로 흐르는 분위기를 꼽는다.

놀이란, 이처럼 관계의 힘과 창의적 적응력을 키우는 최고의 무대다. 한 번의 강연, 특별한 프로그램보다, 매일 반복적으로 즐겁게 뒹구는 놀이 시간이 아이에게 더 긴 여운과 삶의 기술, 그리고 긍정적 자아를 선사한다. 특히 갈등 상황을 회피하지 않고 풀어나가는 능력이 자라게 된다. "걔랑 안 놀아!", "왜 내 말을 안 들어?"로 격해지는 순간에도, 친구와의 협상력, 상황에 맞는 감정 표현과 절제력, 실생활에서 생길 다양한 문제 해결력까지 키워진다.

이제 "놀지 말고 공부해라"는 옛말보다 "잘 노는 모습이 참 기특하다", "네가 친구들과 잘 어울리는 걸 보니 사회성이 자랄 거 같다"라는 말에 더 큰 힘을 주는 시대다. 놀이에서 기꺼이 새로운 모험을 하고, 실패해도 다시 도전하며, 친구와 때로 힘을 합치고 충돌을 극복해 가는 경험이 쌓일수록, 아이는 자기 주도적이고 관계에 강하며, 협력과 배려, 문제 해결력이 뛰어난 아이로 자라난다.

결국, 일상의 놀이는 인생의 중요한 배움터가 된다. 매일같이 몸과 마음이 해방되고, 자유롭게 어울리며, 자발적으로 몰입할 수 있는 놀이의 기회가 되고 그것이 아이들에게 무엇보다 소중한 성장의 자양분이 된다. 부모는 '체험의 수'보다 '자유롭고 진짜 놀 수 있는 시간과 공간', 아이의 주체적 참여와 자율성을 지켜주는 시선을 더 소중히 여길 때, 아이들은 놀라울 만큼 스스로 배우며 자란다.

3. 다른 나라들은 어떻게 놀이로 사회성을 길러줄까?

최근 선진국들은 아동의 놀이가 단순한 여가 이상의 의미, 즉 행복한 성장과 건강한 사회성, 창의성의 기초임을 중시하며 국가 차원의 지원정책을 펼치고 있다.

영국의 경우만 해도, '국가놀이정책(Play Strategy)'을 도입하여 국가적으로 놀이문화를 장려하고 있다. 여기서는 모든 주거 지역, 동네마다 어린이가 무료로 이용할 수 있는 안전한 놀이 공간을 필수로 마련하도록 하며, 학교나 공공장소에서 아이들이 신나게 뛰어노는 모습이 자연스럽게 받아들여지도록 제도적으로 뒷받침한다. 심지어 영국의 아동가족법에는 '놀이할 권리'가 명시되어 있어, 정책적으로 아동 놀이를 '의무 제공해야 할 사회적 책임'으로 간주한다. 단순히 시설만 짓는 것이 아니라, 3년마다 '아동 놀이 기회의 충분성'을 정부 차원에서 평가 · 관리하고, 모든 지역에서 놀이의 기회가 양적으로 충분하고 질적으로 안전하고 창의적으로 제공되는지 확인한다. 이는 아이가 학교 · 가정 · 주변 공동체 안에서 놀이의 주체가 되고, 욕구와 권리를 안전하게 누릴 수 있는 환경임을 뜻한다.

일본도 어린이 놀이문화의 사회적 중요성을 일찍이 이해했다. 도시화 · 환경 변화로 놀 공간과 시간이 줄자 '플레이 파크'라는 오픈형 놀이 공간을 조성했다. 이곳에서는 학교에서 금지했던 모래 · 진흙 놀이, 웅덩이 파기, 불 피우기, 나무 타기 같은 자유롭고

야성적인 놀이까지 가능하다.

특히 가와사키시는 전국 최초로 '어린이 놀 권리 조례'를 제정했다. 각 놀이 현장에는 '놀이 활동가'가 상주하여, 아이들이 스스로 놀이를 기획하고, 바깥에서 자연스럽게 친구와 어울릴 수 있도록 지원한다. 활동가들은 단순한 감독 역할이 아니라 놀이 안에서 창의적 문제 해결, 갈등 조정, 감각적 · 사회적 경험을 충분히 할 수 있게 돕는다.

이처럼 놀이의 질을 보장하려는 정책은 놀이가 단순한 '심심풀이'가 아니라, 창의력, 회복탄력성, 즐거움, 협력 등 삶의 주요 뿌리임을 확인한다. 공동체적 책무로서의 놀이 지원은, 어릴 때 충분히 몸으로 부딪히고 경험하며, 남과 관계 맺고 때로 다투는 과정을 통해 더 넓은 세상에 적응할 기초 체력을 제공하는 의미도 함께 가진다.

유럽, 일본 등에서 강조하는 방식과 달리 한국에서는 여전히 '놀이는 공부의 방해물'이라는 고정관념이 짙다. "열심히 일한 후에 노는 것", "노는 대신 뭔가 의미 있는 체험을 더 하자", "빨리 성과를 내야 한다"는 사회적 압력이 크고, 아동의 자발적 · 주도적 놀이 환경은 부족한 실정이다. 주변에서 자유롭게 뛰며 땀 흘릴 수 있는 '비의도적' 놀이터나 공공공간보다, 조심조심 관리된 실내 공간, 일회성 체험 위주의 행사들이 많다.

정작 사회성이 뛰어나고 관계 회복력이 강한 아이로 성장하려면, 놀이는 경쟁이 아니라 일상에서 자주, 자유롭게, 여러 친구와 섞여 경험될 필요가 있다. 먼저 나서서 협력의 규칙을 만들고, 갈등과 소란을 경험하면서 타인을 배려하는 방식, 자신의 감정이나 욕구를 녹여내는 언어와 발달 전략들을 스스로 체득하는 것이다.

실제로 외국 놀이처럼 자유로운 놀이 현장에선 아이들이 늘 마냥 평화롭기만 한 것은 아니다. 친구와의 사소한 갈등, 다툼, 울음, 감정 폭발 등도 흔하다. 중요한 건 문제 상황에서 누가 지도해 주고, 어떻게 해소할 수 있는지, 무엇을 배울 수 있는지에 대한 신뢰와 맥락이다. 활동가, 부모, 교사는 필요시 부드럽게 중재하고, 아이가 직접 책임졌던 실패나 상처를 스스로 회복할 기회를 조금 더 길게 확보해 준다.

전문가들은 이런 경험이 많을수록, 아이가 다른 사람과의 관계에서 좌절감을 느끼거나 위기 상황에 몰렸을 때 더 쉽게 극복하고, 긍정적 자존감을 갖게 된다고 강조한다. 실패와 갈등, 화해와 타협을 반복하며 단단한 사회성이 자란다.

이와 같은 맥락에서 이제 부모나 교사들도 놀이에 대한 인식을 보다 유연하게 바꿀 필요가 있다. 놀이를 '아이 성장의 필수권리, 사회적 책무'로 받아들이고, 경험을 직접 설계하거나 공동체 차원에서 지지할 수 있도록 적극적 노력과 이해가 뒤따라야 한다. 친구들과 충분히 어울릴 때마다 아이들의 정서적 건강, 협동 능력, 자기 가치감과 자기 주도성, 궁극적으로 평생 사회생활의 기초 체력이 자연스럽게 자라나는 것이다.

결국 아이가 건강하게 자라고 자존감 높은 어른으로 성장하려면, 외국 사례처럼 사회 전체가 놀이의 가치를 인정하고, 양질 · 자유 · 반복적 실제 놀이 기회를 보장해 주는 노력이 함께 이루어져야 한다.

오늘부터라도 "많이, 신나게, 자주, 실컷 놀게 해주자"는 마음가짐과 실천이, 내 아이와 우리 사회 모두를 더욱 건강하고 행복하게 만들어 갈 수 있다.

4. 역할놀이, 연령별 활용법과 부모 실전 팁

아이의 사회성 발달에는 또래 및 타인과 관계 맺는 실제 경험이 중요하다. 하지만 요즘 아이들은 전통적으로 마당이나 골목에서 함께 뛰놀던 기회가 적어져, 관계 기술 · 역할 경험에서 다소 부족함을 느끼는 경우가 많다. 이런 환경에서 동화책, 부모의 역할 모델링, 그리고 역할놀이를 통해 사회적 경험과 관계 감각을 쌓을 수 있다. 연령별로 어떤 놀이가 적합하고, 어떻게 놀이 환경을 마련할지 구체적으로 살펴본다.

- **영아기(0~2세) : 감각 놀이와 단순 모방, 첫 역할 경험**

영아기의 역할놀이는 감각 자극과 반복적 모방이 중심이 된다. 0~2세 아이들은 손에 잡히는 모든 것에 흥미를 느끼고, 엄마 · 아빠가 하는 일상동작을 스펀지처럼 흉내 내며 놀이 세계를 넓힌다. 예를 들어 식탁에서 작은 컵을 들어 물 마시는 시늉, 인형에게 밥을 먹이거나 손뼉을 치는 행동, 전화기 장난감을 귀에 대고 "여보세요"라고 말해보는 것이 대표적이다.

이 시기에는 시각, 청각, 촉각 등 오감이 자극되는 소품이 좋고, 무엇보다 안전이 중요하므로 입에 넣어도 무해하고 자주 세척이 가능한 장난감이나 생활용품을 활용해야 한다. 한 번에 놀잇감을 여러 개 꺼내는 대신 2~3개만 준비해 집중할 수 있게 하며, 상자, 이불, 볼 텐트, 쿠션 등으로 작은 자신만의 공간을 만들어 주는 것도 아이의 주도성과 안정감을 높인다.

놀이 과정에서 부모는 관찰자로서 아이의 흥미와 신호에 귀 기울이고, 아이가 관심 보이는 동작과 소리에 간단히 호응한다. 예를 들어 "엄마도 커피 마실까?" 하며 모방 긍정, "인형도 같이 자자~" 하며 상황을 확장해 준다. 이때 부모가 너무 리드하기보다는, 아이가 주도적으로 움직이고 반응할 기회를 따라가면, 자기 표현력과 정서적 안정의 기초가 자연스럽게 자란다.

• 유아기(3~6세) : 역할 분화, 상상놀이, 협동과 규칙 확장

3~6세 유아에게 역할놀이는 사회적 능력 향상과 창의 · 인지 · 정서 발달의 핵심적인 기회다. 이 시기 아이는 현실과 가상을 넘나들며, 서서히 '진짜 연기', '상상 속 역할'을 즐기기 시작한다.

3~4세에는 경험한 적 있는 일상 행동, 주변에서 관찰한 사건(병원, 가게, 음식점, 집안일 등)을 중심으로 역할을 정하고, 직접 말과

행동으로 상황을 구현한다. 예를 들어, "나는 의사, 넌 환자!", "음식점 놀이할래요", "오늘은 아기를 돌보는 엄마야." 이와 함께 친구, 형제와 간단한 역할 분담과 대화를 시도한다.

4~6세로 올라가면서는 기존에 경험하지 못한 것들, 예를 들어 우주여행, 탐험가, 동화 주인공 등으로 상상 세계가 확장되고, 스토리와 규칙이 더욱 다채로워진다. 미리 역할을 계획한 후 '오늘은 기차 놀이, 다음엔 슈퍼히어로 놀이'처럼 놀이가 체계화되고, 역할놀이 규칙판, 역할 카드, 사진 자료 등을 벽에 부착해 스스로 규칙을 만들고 공유하는 수준으로 발전한다.

실제 병원놀이를 할 때는 의사, 환자, 간호사, 주사기, 약 봉투 등 생활 속 소품을 활용하고, 식당놀이는 모형 식재료 · 접시 · 돈 · 메뉴판 등을 스스로 준비한다. 경험하지 못한 상황이라면 동화, TV, 그림책 등 간접 경험을 대본 삼아 상상 속 장면을 창의적으로 재현 · 변형한다.

역할놀이는 아이의 성장에 다양한 긍정적 변화를 이끌어 낸다. 아이들은 놀이 속에서 사랑, 기쁨, 분노, 질투, 두려움 등 내면 깊은 감정을 자연스럽게 표현할 기회를 가진다. 주인공이나 리더, 때로는 "나쁜 역할"을 맡아보며 평소와 다른 자아를 직접 경험하고, 감정을 언어 · 행동으로 드러내면서 점차 자기 감정의 조절 방법도 배워간다. 이런 정서적 표현의 반복은 점차 마음 안정으로 연결되고, 아이는 자신의 다양한 감정을 수용하고 긍정적으로 풀어내는 능력을 키우게 된다.

역할놀이의 과정에서 아이들은 또래와 갈등이나 애정, 회복의 순간을 직접 마주한다. 놀이 중에 "누가 먼저 할까?", "이번엔 네가 환자, 다음엔 내가 환자"처럼 스스로 순서를 정하고, 싸우거나 협상하면서 타인의 입장을 상상해 보게 된다. 협력하며 대사를 맞추고, 상대의 제안을 받아들이거나 자신의 생각을 설명하는 일들이 반복되면서 자연스럽게 사회적 관계기술, 의사소통력, 공감능력 등이 함께 자란다. 이런 경험들이 쌓이면, 아이는 실제 또래 및 단체생활에서 갈등 상황을 두려워하지 않고 주체적으로 해결·조정할 수 있는 힘을 갖게 된다.

역할놀이는 인지적 측면에서도 큰 자극을 준다. 아이가 놀이 규칙을 만들고, 순서와 내용을 기억하며, 놀이 스토리를 재구성하는 과정에서 계획력과 논리적 사고가 요구된다. 실제로 "내가 저 인물이라면 어떻게 할까?"처럼 추상적 상상 상황을 펼치거나, 해보지 않은 환경을 상상으로 디자인하면서 창의적 사고가 활발히 발달한다. 아울러 놀이에 필요한 소품이나 대본을 직접 만들고 준비하는 과정에서 자기 주도성, 문제 해결력, 언어 창의력 등 다양한 능력이 실생활 속에서 계속 확장된다.

부모는 이 모든 성장의 시간을 옆에서 존중과 격려로 지지하는 역할이 중요하다. 아이가 자기만의 이야기와 규칙, 감정, 역할을 자유롭게 펼칠 수 있도록 간섭을 최소화하고, 필요할 때만 보조적으로 참여하는 것이 바람직하다. 도움을 요청하면 시작은 부모가 도와주되, 완성은 반드시 아이가 직접 마무리할 수 있게 배려해야 한다. 놀이가 끝나면 오늘 느꼈던 점이나 기억에 남는 순간을 함께 이야기하며 놀이 경험을 정리해 주는 것도 성장의 한 과정이 된다.

결국 역할놀이는 아이가 감정, 사회성, 인지, 자기 주도성 영역에서 폭넓게 성장할 수 있도록 돕는 최고의 교육적 기회이며, 부모의 열린 지지와 공감이 가장 큰 밑거름이 된다.

부모의 실천 지침

- 아이 스스로 놀이 주제, 규칙, 역할 결정 및 소품 준비를 주도하게 한다.
- 참여 · 지원은 요청 또는 필요한 경우에만, 반드시 보조적(서포터) 역할을 유지한다.
- "내가 대신 해줄까?"에는, 시작은 도와주되 완성은 아이 스스로 하도록 이끈다.
- 놀이 실패 · 갈등 시 "괜찮아, 놀이하다 보면 싸우기도 하지. 그럼 다음엔 어떻게 하면 좋을까?"처럼 긍정적 · 예방적 피드백을 강조한다.
- 놀이의 끝에는 반드시 성찰 시간("오늘은 뭐가 기억에 남니? 내일은 어떤 역할 해볼래?")을 갖도록 한다.

제9장

자존감 높은 아이, 일상 속 상호작용에서 시작된다

1. 긍정적 상호작용, 아이 마음을 여는 작은 시작

부모는 자녀가 다정하고 배려심 있는 아이로 성장하길 바라곤 한다. 또래나 이웃에게 친절하게 대하거나, 친구들과 원만하게 지내는 모습을 볼 때 흐뭇함과 동시에 안심을 느끼게 된다. 반대로 아이가 유난히 낯을 가리거나, 모임에서 쉽게 좀처럼 나서지 못하거나, 종종 퉁명스럽거나 예의 없는 태도를 보이면 "혹시 사회성이 부족한 건 아닐까?" 하는 막연한 걱정이 따라온다.

하지만 엄밀히 말하면, 아이에게 항상 어른처럼 현명하고 침착하게 행동하길 기대하는 것은 무리일 수 있다. 인간관계를 부드럽게 풀어가는 공감 능력, 예의와 배려심도 타고난 기질이나 뇌신경회로의 발달 상태에 따라 차이가 있을 수 있다. 오랫동안 독서에 흥미를 느끼지 못하는 아이가 있듯, 또래와의 상호작용이나 사회적 상황에서 스스로를 잘 드러내는 데 어려움을 느끼는 아이도 있다.

이럴 때 중요한 것은, 부모가 아이에게 "왜 친구와 잘 못 지내니?"라고 다그치기보다는 긍정적 상호작용 경험을 자주 제공하는 것이다. 긍정적인 상호작용이란 '상대방의 말을 잘 듣고 공감하며, 자신의 생각도 솔직하게 말하고, 갈등이 생겼을 때 공격이나 회피가 아니라 열린 태도로 관계를 유지하는 힘'을 뜻한다. 아이에게 이런 상호작용이 충분히 반복되면 자신도 타인도 소중히 여길 줄 알게 되고, 어느새 인간관계 속에서 긍정적 자신감과 자존감이 높아진다.

실제로 많은 연구에서 부모-자녀 관계는 아이의 사회성, 자존감, 대인관계 기술의 밑거름임이 증명되었다. 부모가 정서적으로 무심하고, 일관성 없이 사랑을 주거나, 불안정한 환경을 조성하면 아이의 뇌 전두엽 활동(특히 사회적 교류, 감정 조절, 문제 해결을 담당하는 부분)이 위축되기 쉽다. 반면, 부모가 자주 이야기하고, 작은 감정과 일상을 함께 공유하며, 아이의 감정이나 상황에 자주 귀를 기울여 줄 때 아이는 자기 표현에 자신감을 가지고 타인과의 상호작용에서 긍정적 경험을 지속하게 된다.

긍정적 상호작용의 경험은 단순히 친구가 많거나, 외향적인 성격만을 요구하는 것이 아니다. 조용하고 내성적인 아이도, 자기 속도와 방식을 존중받으며 타인과 어울리고, 공감받고, 이해받았던 경험이 반복되면 자연스럽게 자신의 감정과 생각을 말로 풀 수 있는 용기를 얻게 된다. 점점 자신의 장점과 취향을 발견하고, 궁극적으로는 더 의미 있고 만족스러운 인간관계를 맺을 수 있게 된다.

부모와 자녀의 일상적 대화는 긍정적 상호작용의 첫걸음이다. 엄마·아빠가 아이에게 "오늘 학교에서 어떤 일이 있었어?", "새 친구랑은 잘 지내니?"처럼 가볍게 관심을 가져주거나, 아이가 상처받은 일을 말할 때 "그랬구나, 속상했겠다"라고 공감해 주는 한마디, 이런 경험이 쌓일수록 아이는 자신의 이야기를 자연스럽게 풀어 놓는 연습을 하게 된다. 사소해 보이는 표정 읽기, 손짓이나 눈빛으로 감정을 나누는 비언어적 상호작용도 역시 큰 역할을 한다.

긍정적 상호작용의 과정에서 아이는 단지 자기 이익만을 위해 움직이지 않는다. 여러 상황을 경험하고, 상대 입장에 공감하거나 자신의 감정을 적절히 표현하는 방법을 배우면서, 더 넓은 세상에서 의미 있는 목표를 추구하고, 자신만의 꿈을 실현하는 힘도 함께 키운다. 친구와 다투면서 울기도 하고, 서로 화해하는 과정에서 인내와 협동, 공정성 같은 삶의 중요한 가치를 체득하게 된다. 이런 과정 내내 부모의 역할은 '문제 해결의 조언자', '감정의 지지자'로 자연스럽게 녹아든다. 아이가 친구와 다투거나 집단 활동에서 서운함을 느꼈을 때, "그럴 수도 있지, 누구나 감정이 상할 수 있어"라고 위로하거나 "네가 어떤 부분이 힘들었는지 엄마는 듣고 싶어"라고 말하는 순간, 존재 자체가 존중받는 경험을 하게 된다. 이런 공감적 대화는, 시간이 지나 아이가 복잡한 관계나 새로운 환경에서 스스로 좋은 사람을 선택하거나, 관계 중 발생한 갈등도 대화로 풀어내는 힘으로 이어진다.

또한 긍정적 상호작용은 단지 부모와 자녀 사이에서만 중요한 것이 아니다. 형제, 조부모, 이웃, 선생님, 더 넓게는 사회 속 여러 사람을 만나며 익힌 긍정적 대화와 소통의 경험이 누적될수록, 이후 자녀는 스스로를 존중하는 마음, 즉 자존감을 키우고, 삶에서 더 안정적이고 건강한 사회적 네트워크를 만들어 나간다.

결국 긍정적 상호작용을 반복적으로 경험한 아이는, 자기 생각을 분명히 말하고, 세상을 넓고 유연하게 바라보며, 타인의 감정을 이해하고 존중할 줄 아는 사람으로 성장한다. 오늘 하루 아이와 나누는 소박한 대화, 작은 공감, 긍정적 반응이 쌓여 아이의 자존감과 사회적 근육과 마음의 면역력을 키우고 있다는 사실을 기억할 필요가 있다.

2. 선택과 경험, 자존감을 쑥쑥 키우는 실전법

긍정적인 상호작용은 더하기처럼 느껴지지만, 실제로는 곱셈의 놀라운 힘을 가지고 있다. 부모와 아이가 나누는 인정, 격려, 따뜻한 말 한마디는 단순히 한 번의 위안을 넘어, 아이 내면에 자신감을 여러 번 곱해 주는 효과를 가진다. 건강한 자존감은 이렇게 일상 속에서 반복적으로 쌓이는 긍정적 상호작용을 통해 조금씩 자라난다. 반대로 부정적인 말과 반응이 누적될 때는, 작은 상처와 위축이 금세 곱해져 아이의 에너지와 용기를 약화시킬 수 있다. 아이가 안정된 자존감을 기르고 사회적으로 건강하게 성장하기 위해, 실생활에서 적용할 수 있는 구체적인 방법들을 다음과 같이 정리할 수 있다.

자신감을 키우는 상호작용

아이의 자존감은 무엇보다 자신감에서 출발한다. 자존감이 부족하면 타인과 어울리고 새로운 시도에 도전하는 데 어려움을 느끼게 된다. 평소에 "넌 할 수 있어", "엄마는 네가 시도하는 모습을 보니 정말 자랑스러워" 같은 긍정의 메시지를 자주 들려주면, 아이는 자신의 가능성과 재능을 신뢰하게 된다. 이 과정에서 중요한 것은 결과보다는 과정, 즉 시도와 노력 자체를 인정해 주는 태도다. 만약 아이가 새로운 놀이에 도전했다가 실패해도 "실수해도 멋지게 해냈어, 다음엔 더 잘할 수 있을 거야"라고 말하며 격려해 주는 대화를 흔히 나눌 수 있어야 한다. 이런 반복적인 인정은 아이의 마음에 긍정적 자기 효능감을 깊숙하게 심어준다.

스스로 선택하게 하는 경험

작은 일이든 큰 결정이든 아이가 선택의 경험을 충분히 누릴 수 있게 돕는 것은 자존감을 높이는 핵심이다. 예를 들어 옷을 고를 때 “오늘은 어떤 옷이 입고 싶니?”, 장난감을 정리할 때 “다음엔 무엇을 먼저 할까?”, 저녁에 읽을 책을 고를 때 “네가 먼저 한 번 골라줄래?”라고 묻고, 실수했을 때도 “네가 고른 선택이니까 끝까지 해보고 싶은 걸 해보는 게 좋겠어”라며 지지를 아끼지 않는다. 부모가 아이의 선택을 존중하면 그 자체가 인정의 메시지가 되고 아이는 점차 자신의 결정과 취향에 대해 자신감을 갖게 된다. 이때 결과가 마음대로 나오지 않아도 ‘실패도 경험’임을 자연스럽게 받아들이게 되고, 새로운 도전을 두려워하지 않게 된다.

사회적 기술과 놀이의 실습

아이들이 사회적 상황에서 좌충우돌하며 갈등을 겪을 때 직접적인 개입이나 일방적인 훈계 대신, 놀이를 통해 자연스럽게 사회적 기술을 익히도록 하는 것이 효과적이다. 예를 들어, 장난감 싸움이 났을 때 “이번엔 번갈아 가면서 5분씩 갖고 노는 게 어때?” “순서를 정해 보면 어떨까?” 같은 구체적인 방법을 직접 실험하게 한다. 또 역할놀이, 상황극을 통해 경청과 타협의 기술을 재미있게 연습하거나, 상대의 표정과 감정, 의도를 해석하는 법을 놀이 속에서 깨닫게 할 수도 있다. 이런 기회를 자주 마련하면, 아이들은 실제 상황에서도 “배웠던 방법대로 해보자”는 생각으로 자신이 문제를 해결할 수 있다는 자부심을 가지게 된다. 엄마의 긍정적 중재와 대화법이 사회성의 기준이 되어, 긍정적 상호작용이 생활에 스며들게 된다.

🏠 또래와의 교류 기회 넓히기

현실적으로 아이들은 빽빽한 일정과 학습 위주의 환경 탓에, 또래와 충분히 교류할 시간이 부족하다. 따라서 부모가 의도적으로 또래와의 만남을 주선해 주는 노력이 필요하다. 집에 몇몇 친구를 초대하거나 근처 놀이터에서 어울릴 기회를 늘려주면, 낯선 상황에서도 스스로 소통하고 갈등을 조정하는 경험을 하게 된다. 놀이를 통해 다양한 성향의 친구들을 만나면서 내외적 소통 능력, 배려심, 리더십 등이 강화된다. 아이가 새로운 친구와 만남을 어려워한다면 무리하지 말고, 소수의 친구와부터 자연스럽게 친밀감을 쌓도록 돕는 게 우선이다. 새로운 환경은 아이에게 약간의 불안이 될 수 있지만, "엄마가 옆에 있을 테니 천천히 해봐", "처음에는 어색해도 결국 재미있을 거야"라는 지지의 말을 곁들이면 훨씬 더 쉽게 자존감을 높여갈 수 있다.

🏠 한두 명의 친구와 깊이 사귀는 연습

모든 아이가 한꺼번에 여러 친구와 어울리는 것은 어렵다. 내성적이거나 낯가림이 있는 아이에게는 억지로 친구를 많이 만들어 주기보다는 한두 명의 친구와 깊은 우정과 신뢰를 경험하게 하는 것이 더 큰 효과를 낸다. 부모는 아이가 주도적으로 소수의 친구와 천천히 어울리도록 옆에서 기다려 주고, "오늘은 누구랑 놀고 싶니?", "이 친구와 있으면 뭐가 제일 기뻐?" 같은 질문을 통해 관계의 질과 감정에 집중하도록 도와준다. 이러한 경험을 쌓으면 점차 자신만의 대인관계 방식을 개발하게 되고 다수나 새로운 환경에서도 스스로 더 잘 적응하게 된다.

자기 주도적으로 관계 맺는 기회 제공

아이에게 친구관계나 집단생활의 문제를 스스로 해결할 수 있도록 기회를 주는 것도 중요하다. 부모가 "이렇게 해야 좋을 것 같아"라고 일방적으로 잔소리하거나 지도하기보다는 "이번엔 네 생각대로 해 보고, 힘들 때 엄마와 얘기하면 좋겠다"라고 격려한다. 문제 상황을 만났을 때 스스로 해결책을 고민해 보고 결과를 경험하게 할 때 아이의 주도성과 책임감이 강화된다. 이런 경험이 반복되면 "나는 내 문제를 스스로 해결할 수 있다"는 자기 신뢰가 깊어지고, 상호작용에서의 자신감은 자존감으로 연결된다.

긍정적 신호와 감정에 세심히 반응하기

아이의 하루는 매 순간 다양한 신호로 가득하다. 언어뿐만 아니라 표정, 몸짓, 눈빛, 행동 변화 등을 주의 깊게 관찰하고, "오늘 표정이 밝지 않네, 혹시 힘든 일 있었니?", "네가 먼저 나서서 친구와 인사해서 엄마가 기뻐"처럼 구체적이고 세심한 피드백을 자주 준다. 아이가 감정 표현이 서툴 때는 기다려주고, 말로 하지 못하는 신호라도 따뜻하게 바라보며 이해하려 노력하면, 아이는

'언제든 내 감정이 존중받는다'는 심리적 안전감을 얻게 된다. 이러한 작은 반응과 공감, 표정과 언어의 상호작용이 일상의 태도 속에 차곡차곡 쌓이면서, 아이의 자기 인식과 자존감은 더욱 단단해진다.

긍정적 상호작용을 통한 자존감 강화는 하루아침에 완성되는 것이 아니다. 아이의 작은 도전과 선택, 친구와의 다툼과 화해, 실패와 성공을 격려와 인정, 존중의 태도로 반복해 받을수록, 아이 마음속 자존감의 크기는 자연스럽게 곱셈처럼 커진다. 부모가 늘 조용한 지원자이자 따뜻한 인정자, '실패해도 괜찮아, 넌 소중해'라는 메시지를 일상 언어와 행동으로 보여 주면, 아이는 자신에 대한 믿음과 더불어, 세상을 향해 한 걸음씩 힘차게 나아갈 수 있게 된다.

제 10 장

미래 리더를 기르는 부모의 말과 행동

21세기 사회가 요구하는 가장 중요한 능력 중 하나는 리더십이다. 과거 리더십이 단순히 지도력이나 통치력만을 의미하던 시절과 달리, 오늘날에는 자기 주도적 의사결정력, 탁월한 의사소통 능력, 융합적 사고와 공감, 변화에 빨리 적응하는 유연성 등이 모두 리더십의 중요한 요소로 여겨지고 있다. 하지만 여전히 많은 어른은 리더십을 '타고난 성격이나 기질'이라 여기며, 내성적인 혹은 조용한 아이에게 리더십의 가능성을 크게 기대하지 않는 경우도 있다.

실제로 부모가 내성적이고 신중한 기질일 때 자녀도 비슷한 특성을 보이는 경우가 많지만, 가장 최근의 연구들은 리더십이 유전적 기반만으로 결정되지 않는다는 사실을 밝혔다. 누구든 꾸준한 노력, 다양한 경험, 건강한 사회적 관계 안에서 얼마든지 효과적인 리더십을 배우고 발전시킬 수 있음이 과학적으로 증명되고 있다. 즉 우리 모두는 연습과 환경, 반복적인 소통 훈련, 실전에서의 경험을 통해 더 나은 리더로 성장할 수 있다.

아이의 리더십이 길러지면, 그 아이는 자신의 인생을 수동적으로 끌려가는 존재에서 주도적으로 설계하고 이끌어 가는 주체가 된다. 삶의 목표와 가치관을 분명히 세우고, 어려운 선택과 행동에도 책임감을 가지고 임할 수 있다. 자기 자신만의 삶의 비전과 기준을 가지고 세상의 변화에 능동적으로 반응할 수 있는 힘, 바로 이것이 리더십의 핵심이다. 또한 리더십이 없는 사람은 늘 누군가의 의존적 존재로 머물 가능성이 크게 높아진다.

일상에서는 리더십이 단지 '앞에 나서는 사람'만의 능력이 아님을 알 수 있다. 가족, 학급 집단, 또래 모임, 동아리, 심지어 1:1 인간관계까지 모든 영역에서 리더십은 중요하다. 갈등이나 생각의 차이가 있을 때, 격렬하게 대립하는 상황에서 상대를 존중하고 자신의 입장을 밝히며, 상대방의 의견을 진지하게 경청하는 태도는 어떤 사회적 장면에서도 필수적인 리더의 덕목이다. 토론·토의 역량 역시, 설득에서 끝나는 것이 아니라 남을 돕고 새로운 길을 모색하는 헌신의 태도로 이어질 수 있다.

오늘날 요구되는 리더십은 더욱 복합적이고 감성적인 특성을 갖고 있다. 창의적인 리더, 부드러운 리더, 타인과 협력하며 감정과 상황을 조율하는 감성적 리더 등, 다양한 인간관계 내에서 유연하게 역할을 수행할 수 있는 역량이 대두되고 있다. 그중에서도 가장 본질적으로 중요한 것은 바로 사회성이다. 사회성은 단순히 통솔과 지도력이 아니라, 많은 사람 사이에서 관계를 맺고 활발히 소통하며, 타인의 감정을 이해하고 공감할 줄 아는 능력과도 직결된다. 단단한 사회성과 감성적 교감 능력이 성장할 때야말로 리더는 공동체를 긍정적으로 이끌 수 있는 자질을 갖추게 된다.

우리 아이에게 이런 시대적인 리더십을 키워주려면 무엇이 필요할까? 강사나 학원을 통해 지식과 방법을 배우는 것만으로는 충분하지 않다. 오히려 일상에서 부모와 함께 대화하고, 실패와 갈등을 경험하고, 자기 감정과 생각, 욕구를 차분하게 표현하고 조절하는 시간을 많이 가질 때 진짜 리더십이 발달한다. 매일의 사소한 대화 상황이 아이에게 자기 생각을 논리적으로 말하는 힘, 남의 생각을 열린 마음으로 듣는 경청력, 그리고 세상을 넓게 보는 시야를 길러주는 밑거름이 된다.

리더로 성장하는 과정에서 반드시 필요한 것은 자기 자신을 정확하게 인식하고, 남에게 자신의 생각을 명확하고 정확하게 전달할 수 있는 능력이다. 그 출발은 부모가 매일 아이를 존중하고, 때로는 아이가 스스로 생각할 수 있도록 충분히 기다리며, 타인의 감정과 고민에도 민감하게 반응해 주는 일상적인 태도에 있다. 즉, 정직하게 자신을 표현하고, 상대방을 경청하며, 문제 상황에서 긍정적으로 해법을 찾는 실천적 기회를 풍부히 갖도록 돕는 일상 속 교육이며 이것이 결국 아이의 리더십을 키우는 가장 효과적인 비결이다.

종합적으로 봤을 때, 오늘날 리더는 단순히 목소리를 크게 내는 사람이 아니라, 말하기 · 듣기 · 읽기 · 쓰기 같은 기본적 의사소통 능력을 바탕으로, 자신의 감정을 알맞게 조절하고 남의 의견을 따뜻하게 받아들이며 전체 분위기를 긍정적으로 이끄는 중심축의 역할을 하게 된다. 진정한 리더십을 위해서는 가정, 학교, 사회에서 아이가 말하고 듣고 쓰고 읽는 모든 능력을 골고루 키워야 한다. 아이에게 일상에서 자기 생각을 명확하게 표현할 기회를 주고, 다른 사람의 말을 경청하는 태도를 길러주며, 감정을 적절히 나누고 상황을 공감하는 방법을 직접 보여 주는 것이 필요하다.

부모는 아이의 작은 시도도 존중하고 격려하면서, 실수와 갈등의 순간까지 함께 고민하는 조력자가 되어 주는 것이 중요하다. 이러한 일상의 실천이야말로 우리 아이가 주체적으로 이끌고 성장하는 리더십을 키우는 가장 든든한 기반이 될 것이다.

1. 존중받는 대화, 리더의 첫걸음

부모는 아이의 첫 번째이자 가장 오랜 역할 모델이다. 엄마가 세상을 대하는 태도, 사람을 존중하는 마음, 생활 속의 말과 행동 하나하나는 아이의 성장 과정에 자연스레 스며든다. 특히 부모와 아이 사이의 '말'과 '대화 방법'은 평생을 좌우하는 중요한 힘이 된다. 이 중에서도 '존댓말'의 사용은 아이의 인격과 사회성, 그리고 미래의 리더십까지 연결되는 매우 소중한 실천이 된다.

엄마가 자녀에게 존댓말을 사용하는 일은 처음엔 어색할 수 있지만, 결코 어려운 일만은 아니다. 언제부터 어떻게 해야 할지 고민이 된다면, 아이가 언어를 배우기 시작하는 시점부터 부모가 상황에 맞춰 존댓말을 자연스럽게 보여 주는 일이 필요하다. "오늘 기분이 어때요?", "이 옷 입고 싶어요?", "점심은 뭘 먹고 싶어요?"와 같이 간단하지만 존중과 배려가 담긴 문장으로 매일 아이에게 말을 건넨다. 이는 단순히 의례적인 대화 예절 교육을 넘어, 자녀를 한 사람의 인격체로 대하고 존중한다는 메시지를 전달하는 효과적인 방식이다.

존댓말을 들으며 자란 아이는 가족 내에서 자연스럽게 예의 바른 언어 습관을 익히게 된다. 이는 단지 엄마-아들, 아빠-딸 사이에서 끝나지 않는다. 어린이집, 학교, 동네 친구와의 관계, 그리고 더 넓은 사회생활에까지 존댓말은 존중과 배려의 기본 예절로 자리 잡는다. 아이는 자신이 대접받는 느낌을 꾸준히 경험하면서 자신의 존재 가치와 타인의 감정을 함께 소중히 여기는 힘을 배운다.

엄마가 자녀에게 말을 가르치면서 처음부터 반말이나 명령조 언어만 사용하면, 아이도 이를 곧잘 따라 하게 마련이다. "빨리 먹어!", "앉아!" 같은 지시형 대화는 아이가 사회적 관계를 맺을 때 무의식적으로 대물림되기 쉽다. 반대로 존댓말과 공손한 표현이 반복되면 아이는 '상대방을 어떻게 대해야 하는지', '어떤 말이 더 편안하고 따뜻하게 들리는지'를 몸으로 터득할 수 있다.

유아 시기의 언어 습관은 성인이 된 이후에도 쉽게 바뀌지 않는다. 한 번 익힌 습관은 나중에 고치기 어려운 것이 사실이다. 이 때문에 어릴 때부터 존댓말을 일상의 일부로, 놀이처럼 쉽게 채택하고 반복할 필요가 있다. 집에서 가족끼리의 대화에서 존댓말을 사용하는 경험이 많아질수록 아이는 공공장소나 새로운 사람, 어른 앞에서도 자연스럽고 자신감 있게 예의를 지킬 수 있다.

존댓말은 단순히 예절 교육 차원의 장점만 있지 않다. 상대방의 자유, 권리, 감정을 존중할 줄 아는 기본 태도는 결국 리더십의 뿌리가 된다. 존댓말로 대화하는 과정에서, 아이는 관심, 배려, 사회적 소통의 규칙까지 동시에 익히게 된다. 더불어, 가족 내에서 존댓말이 잘 실천되면 자녀와의 심리적 거리도 적절히 조율된다. 필요할 때는 따뜻하게, 때로는 객관성과 존중을 담아 부모-자녀 사이의 경계를 세우는 역할도 하므로, 불필요한 감정의 충돌이나 긴장을 줄여 주는 효과도 있다.

부모는 아이의 눈높이, 발달 단계에 맞게 존댓말의 표현을 골라주는 것이 도움이 된다. 예를 들어, 아이가 아직 존댓말 문장을 완전히 구사하지 않을 때에는, 반복적인 노출과 간단한 역할놀이를 병행하며 "이렇게 말해보자", "엄마는 네가 이렇게 공손하게 이야기해서 기분이 좋아"라는 긍정의 반응을 곁들인다. 처음에는 다소 딱딱해 보일 수 있지만, 일관되게 실천하다 보면 아이도 점차 자연스럽고 편안하게 존댓말을 사용할 수 있게 된다.

존댓말은 위계 질서만을 강조하는 도구가 아니라, 오히려 서로를 더욱 존중하는 평등하고 따뜻한 관계의 토대다. 하루에 한 번, 두 번이라도 아이와 존댓말로 대화를 나누는 습관을 들이면, 아이의 언어 습관은 물론이고 자존감, 사회성까지 두루 성장하게 된다. 부모는 아이를 하나의 독립적 인격체로 바라보고, 일상 속 작은 존댓말 활용에서부터 사회성 · 공감 · 리더십의 씨앗을 뿌리며, 자녀가 타인의 신뢰와 사랑을 받는 어른, 모두가 좋아하는 품격 있는 리더로 성장할 수 있도록 길잡이 역할을 해주어야 한다.

2. 자기 생각, 스스로 말하게 돕기

리더로 자라는 아이에게 꼭 필요한 기초는 자기 생각을 논리적으로 정리해 명확히 말하는 힘이다. 이 힘은 외향적이거나 말솜씨가 좋은 아이만이 아니라, 실수해도 자신의 감정을 차분히 곱씹고 경험을 이야기로 풀어내는 반복 안에서 길러진다. 이런 역량을 키우려면, 부모가 자녀가 생각을 말하기 전에 쉽게 결론을 내리거나 문제를 대신 해결하지 않고, 오롯이 아이가 자기 언어로 세상을 해석할 기회를 열어 주어야 한다.

현실에서는 아이가 고민을 표현하려 할 때 부모가 바삐 해결책을 제시하거나 결론을 밀어 넣는 일이 많다. 예를 들면, 학교에서 친구와 다툼이 있었다고 아이가 말문을 여는 순간 "그럼 네가 먼저 미안하다고 하면 괜찮을 거야. 이제 가서 사과해"라는 식으로 부모가 즉시 해법을 던진다. 또, 수학 문제나 과제에서 막힘을 느낀다고 했을 때 "선생님한테 바로 물어보거나, 인터넷에서 방법을 찾아보면 되지"라고 아이가 자신의 방식을 찾기 전에 성급히 본인 의견을 앞세우는 경우도 있다. 이런 경험이 반복되면, 아이는 자기 내부에서 생각을 키우거나 해법을 찾는 경험보다 어른에게서 빠른 답을 듣기 쉬운 주체가 되고 만다.

아이가 자신만의 해답에 다다르기 전, 부모가 조기에 개입해서 명확한 방안을 제시하는 것은 겉보기엔 효율적인 것처럼 보일 수 있다. 그러나 장기적으로 보면, 아이는 점차 자신의 감정이나 사고를 끌어내지 않아도 된다는 안일함에 젖는다. 어떤 문제가 생길 때마다 "엄마가 대신 정리해 주고, 대신 답해줄 것"이라는 생각이 강해지면서 자기 주도적 말하기의 연습이 부족해진다.

성장 과정에서 자기 생각을 정리하고 설명할 기회가 줄어들면, 당연히 복잡한 상황이나 어른, 친구와의 갈등에서 당황하거나 침묵하게 될 가능성이 커진다. 나아가 '나는 내 생각을 말할 차례가 오지 않는다'는 무의식이 반복되면, 발표력이나 논리력, 주도적 리더십의 기본이 약화된다. 반대로 부모가 실수와 더듬거림, 서툰 표현까지 기다려주고, "그래서 너는 어떻게 하고 싶었어?", "더 좋은 생각이 있니?"라며 대화의 주도권을 아이에게 돌릴수록, 아이는 자신의 감정 · 경험 · 아이디어를 내 언어로 담아낼 수 있다는 자신감을 갖게 된다.

문제 상황에 대한 장기적인 해결력을 지닌 리더의 기본은, 내가 스스로 고민하고 답을 만들어 내는 근력에서 비롯된다. 이를 위해 부모는 아이가 말할 때 조바심을 내지 않고, 당장의 답변보다 아이의 논리 전개와 감정 흐름, 이면의 생각까지 충분히 들어줄 줄 알아야 한다. 예를 들어 "수학 숙제를 언제 할지 고민돼"라고 말하는 아이에게, "네 생각엔 어떤 방법이 더 효과적일까?", "더 나은 계획이 떠오르면 말해줘" 같은 열린 질문으로 대화를 이끌어 주는 것이다.

이런 노력이 일상적으로 쌓이게 되면, 아이 스스로 판단하고 해결할 수 있다는 주체적이고 책임감 있는 태도가 자리 잡는다. 감정을 정리해 말로 풀어내고, 자기 기준을 만들어 실행하며, 잘 안 풀릴 때도 "엄마는 네 생각을 듣고 싶어서 조금 더 기다릴게"라는 지지 속에 차분하게 내면을 단련한다. 즉, 부모가 아이 대신 해답을 주거나 말을 끝내주는 대신, 항상 한 발 뒤에서 경청하고 기다려주는 태도를 보여 주는 것이 진짜 리더십의 힘을 길러주는 가장 큰 밑거름이다. 이러한 작은 대화의 변화가, 아이에게는 앞으로 어떤 상황에서도 자기 목소리로 당당하게 자기 생각을 펼치고, 건강하게 문제를 풀어갈 수 있는 리더의 자질로 이어진다.

3. 논리와 근거, 자연스럽게 설명하는 힘

오늘날 리더가 갖추어야 할 핵심 역량 중 하나는 자신의 생각을 논리적으로 펼치며 타인의 이해와 공감을 이끌어 내는 힘이다. 설득력 있게 말하는 사람은 조직과 사회에서 중심적인 역할을 맡을 수 있고, 크고 작은 의견 충돌이나 혼란 속에서도 자신의 생각을 침착하게 전개할 수 있다. 이러한 능력은 눈에 띄는 언변만을 뜻하는 것이 아니라, 어린 시절부터 조금씩 훈련하고 경험하는 과정을 통해 탄탄하게 쌓이는 것이다.

아이가 논리적 언어 습관을 갖게 하려면, 소소한 생활 속 실천이 무엇보다 중요하다. 먼저 사고의 기초와 언어 표현 습관이 발달하는 어린 시절부터 자녀가 자신의 감정에만 치우치지 않고, 원인과 결과를 연결해 설명하는 태도를 길러야 한다. 부모는 대화 속에서 "왜 그렇다고 생각하니?", "어떤 일이 있었기에 그렇게 느꼈을까?", "그래서 네 생각엔 어떻게 하는 게 좋을까?"와 같은 질문을 자주 던져, 아이가 경험의 앞뒤 맥락을 짚어보고 본인의 논리대로 정리하는 연습을 하게 돕는다.

독서는 논리적 말하기 습관을 채우는 출발점이 된다. 엄마가 그림책이나 동화책을 읽어주면서, 책 속 한 장면에서 "이 인물은 왜 이렇게 행동했을까?", "네 느낌은 어때?", "이 다음 일은 어떻게 이어질 것 같아?" 같이 열린 질문을 던지면, 아이는 자신의 생각을 가다듬어 말하는 연습을 할 수 있다. 이 과정에서 즉각 답을 기대하거나 답이 늦게 나오면 대신 설명해 주는 실수를 하지 않고, 아이가 스스로 정리할 시간을 느긋하게 기다리며 "정말 좋은 생각이네", "그런 의견도 충분히 있을 수 있겠다"와 같이 인정과 공감을 보여 주는 태도가 중요하다.

동영상 시청도 효과적인 논리적 대화의 도구가 될 수 있다. 가족이 함께 영화를 보거나 교육 영상을 볼 때 등장인물의 역할이나 상황, 행동의 이유를 두고 대화해 본다. "저 사람은 왜 저렇게 행동한 것 같아?", "너라면 어떻게 했을까?", "저 장면에서 사람들이 왜 화가 났을지 생각해 볼 수 있을까?" 등 아이가 상황을 논리적으로 해석하고 다양한 관점에서 설명해 보게 한다. 이렇게 비슷한 상황을 여러 번 반복하게 되면, 자연스럽게 아이의 언어 구성력이 커지고, 자신의 관점을 서술하는 논리력도 탄탄해진다.

일상생활 속 다양한 순간도 논리적인 말하기 훈련장이 된다. 예를 들어 식사 준비 시간에 "밥이 다 되려면 어떤 재료부터 넣어야 할까?", "이 요리는 왜 이 단계에서 불 조절을 하는 걸까?" 같이 요리 과정을 설명하는 기회를 만들고, 엄마는 요리사, 아이는 요리 프로그램의 진행자 역할을 해보면 좋다. 과정마다 감각적으로 느끼면서도 순서와 이유를 자연스럽게 설명하게 된다.

가족회의를 일상화하는 것도 논리적 대화 양식을 자연스럽게 습득하게 해준다. 저녁시간이나 주말에 가족이 모여 자유롭게 의견을 나누는 시간을 정기적으로 마련하면, 아이는 자신만의 논리를 펼쳐 상대방을 설득하고, 동시에 다른 사람 의견도 경청하는 훈련을 반복하게 된다. 이때 단순히 일상 대화가 아닌, "요즘 우리 집에서 불편하거나 바꾸고 싶은 점", "다음 여행을 어디로 갈지" 등 구체적인 주제를 정해 토론의 형태로 진행하면 더욱 효과적이다. 설득이나 비판, 합의 과정 속에서 자기 주장만 피우거나 무조건 남을 따라 하지 않고, 문제의 원인 · 해법에 대한 다각도의 발표 경험을 할 수 있다.

또한 일정 기간 동안 가족 목표를 정하고 노력하는 과정에서, 엄마가 아이에게 "이번 주에 정한 목표를 얼마나 달성했다고 생각해?", "혼자 실천하기 어려웠던 점, 잘된 점은 뭐야?"처럼 목표와 성취, 실패의 원인 등을 논리적으로 되짚으며 질문한다. 이런 과정을 통해 아이는 자기 행동을 비판적으로 분석하고, 주도적으로 평가할 수 있으며, 자연스럽게 논리적 자기 평가와 언어 습관이 동시에 성장한다.

이 모든 과정에서 중요한 한 가지는, 아이의 의견이 늦더라도, 또는 엉뚱하거나 예기치 못한 답이 나오더라도 부모가 서두르거나 대신 결론을 내리는 태도를 피하는 것이다. 아이가 말로 엮어내는 모든 생각들이 '논리적 말하기'의 재료임을 기억하고, 충분히 귀 기울여 주고, 공감과 인내로 존중하는 부모의 태도가 반드시 동반되어야 한다. 이렇게 성실하게 준비하는 일상적 실천이 한 단계씩 쌓이다 보면, 어느 새 아이는 자신만의 의견을 차분하고 설득력 있게, 또 다른 사람을 함께 존중하는 태도로 표현하는 사회적 리더로 한 뼘 더 성장해 갈 수 있다.

4. 긍정적 태도가 바꾸는 주도성

리더가 조직을 이끌 때 가장 중요한 심리적 에너지는 바로 긍정적인 사고 방식이다. 리더 자신이 어떤 태도와 언어로 매 순간 상황을 해석하고 대응하느냐에 따라, 조직원 전체의 분위기와 행동, 문제 해결력을 좌우하기 때문이다. 심리학자 마틴 셀리그만(Martin Seligman)이 제시한 '학습된 낙관주의(Learned Optimism)' 이론에 따르면, 인생을 바라보는 해석 틀이 긍정적일 때 실제로 역경에 대한 회복탄력성이 훨씬 높아진다. 즉, 도전적 상황에서 "할 수 있다"는 믿음, 긍정적 자기 확언을 심어주는 언어적 · 정서적 분위기가 장기적으로 삶의 성취와 만족, 사회적 리더십까지 결정짓는 핵심임이 밝혀졌다.

리더가 처음부터 능동적이고 긍정적이었던 것은 아니다. 사회적 학습 이론을 따르자면, 긍정과 부정의 시각 및 언어 습관 역시 어릴 때부터 주변 환경, 특히 부모의 피드백과 모방 행동(modeled behavior)을 통해 형성된다. 엄마나 아빠가 매사에 "안 돼", "위험해", "넌 못할 거야"라는 부정적 언어를 자주 쓸 경우, 아이는 자신이나 세상을 제한적으로 보게 된다. 반대로 부모가 시도와 도전에 "네가 해보니 기특하다", "실수해도 괜찮아, 다시 하면 되지!"라는 긍정적 언어로 일상을 채우면, 아이는 도전과 실패, 새로운 환경 모두를 열린 눈으로 받아들이는 긍정 마인드셋(growth mindset)을 키우게 된다. 심리학자 캐럴 드웩(Carol Dweck)의 연구에서도 확인된 바와 같이, 성장 마인드셋을 가진 아이는 부정적 결과 앞에서도 배움과 성장을 꿈꾸며 쉽게 포기하지 않는다.

부정적 언어는 생각보다 깊은 그림자를 남긴다. 예를 들어, 아이가 물건을 만지려 할 때 "그거 만지면 안 돼", 놀이터에서 새로운 놀이기구를 도전하려 할 때 "위험해, 하지 마" 같은 말은 아이의 탐험심과 용기를 무의식적으로 꺾는다. 이런 경험이 반복되면, 아이는 "나는 뭔가를 시도하면 안 되는구나", "엄마가 걱정하니 위험할 거야"라는 사고 회로가 강화된다. 심지어 도전하기 전부터 먼저 포기하는 습관, 자기 시도를 의심하는 심리가 자리 잡을 수 있다. 반면, 같은 상황에서 "실수해도 괜찮으니 해보고 싶으면 해봐", "만져보되, 조심하면 돼"처럼 약간의 긴장감과 동시에 존중과 신뢰가 담긴 메시지를 건넬 때, 아이의 내면에서는 '믿음', '호기심', '스스로 시도하는 힘'이 크게 자란다.

긍정적인 사고 방식 형성에는 부모의 일상 언어가 가장 큰 영향을 미친다. 미성숙하거나 비현실적인 아이의 생각, 어설픈 시도 앞에서도 "왜 그런 생각을 하게 됐니?", "어떤 부분이 가장 기대돼?" 정도로 공감을 우선하고, 직접적 비난 대신 부드럽고 친절하게 엄마의 관점이나 조언을 전하는 태도가 필요하다. 예를 들어, 아이가 어질러진 장난감을 다시 정리하지 않았더라도 "어질러진 게 엄마는 좀 힘들긴 해도, 네가 이렇게 재밌는 걸 시도했으니 멋지다"라고 먼저 긍정의 메시지를 건넬 수 있다. 이후 천천히 "이제 같이 정리해 볼까?"라고 덧붙이면 아이의 자율성과 책임감까지 자연스럽게 확장된다.

긍정적인 사고 방식은 기대감과 자기 신뢰에서도 크게 자란다. 피그말리온 효과(Pygmalion Effect), 즉 '엄마가 아이에 대해 긍정적 기대감을 표할 때 실제로 아이의 행동과 성장도 기대감 방향으로 변화한다'는 심리학적 원리처럼, "너라면 해낼 거야", "도전을 좋아하는 네 모습이 엄마는 항상 자랑스러워"와 같은 직접적 기대를 말로 표현하는 것은 큰 힘이 된다. 단, 이 기대는 무리한 완벽주의나 강박이 아닌 따뜻한 지지가 바탕이 될 때 진정한 효과가 나타난다. 아이에게 기대의 무게가 부담이 되지 않도록 구체적이고 실현 가능하며, 노력의 과정과 시도 자체에 칭찬을 더해주는 것이 핵심이다.

자녀가 어려운 일이나 실패를 맞이했을 때 부모가 신뢰와 옹호를 보이는 것도 긍정적인 사고 방식에 결정적이다. 크게 성공한 리더나 사회적으로 인정받는 인물이 어릴 적 부모로부터 "넌 충분히 할 수 있다", "실패도 괜찮다, 다시 일어나면 된다"는 긍정과 격려, 보호의 언어를 꾸준히 들으며 자신감을 형성했다는 사례는 수없이 많다. 부모가 자녀의 실패를 탓하기보다 "시도한 네가 자랑스럽다", "이번엔 잘 안됐지만, 다음엔 더 멋질 수 있을 거야"라고 격려할 때, 아이는 자신도 실망이나 어려움을 긍정적으로 해석 · 수용하고 다시 도전하는 힘을 갖게 된다.

심리학적으로 보아 긍정적인 사고 방식(generalized positivity)은 낙관주의(attitudinal optimism)뿐 아니라 유연성, 개방성, 협동성,

강한 자존감, 회복탄력성과도 깊은 관련이 있다. 리더십 교육에서 '긍정적 자기 대화', '낙관적 기대', '실패를 성장 기회로 전환하는 설명 방식' 훈련을 강조하는 이유도 여기에 있다. 가정에서 실천할 수 있는 예시로는, 아이가 도전을 주저할 때 "이렇게 하면 잘 안 될 수 있어도, 새로운 시도를 해보는 네 용기가 더 소중해", "실수나 실패 자체가 배움이 될 거야"와 같은 메타인지적 피드백, 스트레스를 부정적으로 해석할 때 "엄마도 힘든 적 많았어. 하지만 그 덕분에 많이 배웠단다" 등 솔직한 경험 공유도 효과적이다.

이러한 일상 실천은 결국 아이 안에 긍정적인 자기 이미지와 자기 효능감을 차곡차곡 축적한다. 사회적으로 인정받는 리더는 항상 "나는 할 수 있다"는 신호를 자기 안에서 읽고, 그 에너지를 주변에 끊임없이 나눠주는 존재다. 아이 역시 가정에서 충만한 긍정 피드백, 따뜻한 기대, 도전과 실패에 대한 너그러운 관용을 반복해 경험한다면, 자기 성장뿐 아니라 집단 속에서도 타인을 견인하고 새로운 가치를 창조하는 긍정적 리더로 성장할 수 있다.

요약하면, 리더의 사고 방식은 조직과 환경, 미래 전부를 긍정으로 물들일 수 있는 토대다. 자녀에게 긍정적 사고를 심어주고 싶다면, 비난보다 먼저 공감, 제한보다 먼저 격려, 의심보다 먼저 신뢰와 기대의 언어가 자연스럽게 흐르는 집안 분위기를 만들어 주어야 한다. 작은 생활 속 변화 시도, "괜찮아, 다시 도전해도 돼", "실수해도 엄마가 믿고 지켜볼게"라는 말이 아이의 평생 긍정 에너지, 회복력, 꿈을 이끄는 강력한 리더십의 바탕이 된다.

5. 경청의 자세, 아이 리더십의 중심

탁월한 리더는 단순히 자신의 의견을 또렷하게 내는 데서 그치지 않고, 타인의 말을 끝까지 경청하고 소중히 여기는 힘을 갖추어야 한다. 조직, 모둠, 단체에서 모두가 마음을 모으고 각자의 역할을 다할 수 있도록 이끌기 위해서는, 무엇보다도 상대의 입장과 감정, 의견을 귀 기울여 듣는 태도가 그 출발이 된다. 사실 리더십 심리학에서도 '경청(listening)'은 설득, 조정, 변화 관리의 최우선 필수 역량으로 꼽힌다. 진정한 리더는 자신의 지위나 권한을 내세워 일방적으로 주도하기보다는, 구성원 모두의 목소리와 맥락을 포착해 긍정적으로 반영할 줄 아는 열린 마음을 갖게 된다.

가정이나 학교에서의 일상 대화 역시 마찬가지다. 부모가 자녀에게 리더십을 키워주고 싶다면, 가장 먼저 연습할 수 있는 것이 바로 '경청'이다. 대다수의 부모들은 아이가 말을 시작하면 금방 결론을 내기는 쉬워도, 아이가 내뱉는 말과 감정, 의견을 충분히 귀 기울여 듣는 일에는 실은 익숙하지 않다. 그러나 아이와 눈을 맞추고, 고개를 끄덕이며, "그래서 넌 어떻게 느꼈니?", "그때 네 생각은 뭐였어?"처럼 열린 질문을 던져 끝까지 참고 들어주는 부모의 태도가 반복될수록, 아이는 "내가 존중받고 있다"는 감정을 마음 깊이 체득한다.

경청은 단순히 말을 듣는다는 것 이상의 의미를 지닌다. 상대방의 말이 다소 느리거나, 논리적이지 못하고, 심지어 내 생각과 다르거나 모순된다 해도, 판단을 보류하고 상대의 설명을 충분히 듣는 '수용적 태도'와 '정서적 연결'이 동반되어야 한다. 가령, 아이와 대화할 때 "오늘 뭐가 제일 재미있었어?"라고 묻고 아이가 "쉬는 시간에 친구랑 놀았어"라고 답하면, "그랬구나, 무슨 놀이를 했니?"라고 관심을 이어간다. 아이가 답을 망설이거나, 예상 못했던 이야기를 꺼내더라도 "왜 그런 생각을 했는지 네 입장에서 설명해 줘"라고 대화를 열어둔다.

단체 생활이 시작되면, 아이도 또래 친구나 선생님, 협동 활동에서 남의 말을 경청하는 힘이 필요하다. 경청을 잘하는 아이는 친구와의 갈등 상황에서도 "네 이야기는 이거였구나"라고 확인해 볼 수 있고, 함께 목표를 이끌어 나갈 때도 "내 생각과 다르지만, 일단 들어볼게"라는 넓은 마음으로 임할 수 있다. 이 과정에서 자신만이 옳다는 태도를 서서히 내려놓게 되고, 차이와 다양성에 익숙한 사회적 리더십의 밑거름이 쌓인다.

실제 대화 예시로, 부모가 아이에게 특정 문제에 대해 질문한 뒤 아이가 생각을 답하면, 즉시 "그건 잘못된 생각이야"라고 평가하거나 자기 말을 먼저 하기보다, "왜 그렇게 생각했는지 더 말해 줄래?" "엄마 생각은 좀 다를 수 있어, 그런데 네 의견을 듣고 싶어"라고 응답한다. 그런 다음 아이가 완전히 말을 끝낼 때까지 기다렸다가 자신의 의견을 말하면, 아이는 자연스럽게 경청-표현-수용의 순환을 생활 속에서 연습하게 된다.

이런 간단한 대화의 일상화가 얼마나 큰 효과를 내는지 종종 부모는 잘 인식하지 못한다. 아이는 부모가 자신의 말을 평가 없이 들어주는 경험을 통해 자기 정체성을 긍정적으로 형성하고, 바깥 세상에서 다양한 의견이나 소수 의견, 반대 의견에도 열린 태도를 보일 수 있게 된다. 이때에는, 부모가 찬반 논리를 꼬집거나 서둘러 결론짓는 대신, "너의 의견도 의미가 있어. 엄마 생각과 달라도 괜찮아."라고 존중과 수용의 언어로 대화를 마무리해 주는 것이 바람직하다.

경청의 습관은 평가와 판단의 함정에서 벗어나, 상대의 마음과 상황을 소중히 여기는 데서부터 자란다. 가정 안에서부터 아이의 생각과 말, 감정에 귀 기울이는 연습이 충분히 되어 있다면, 아이는 사회 곳곳에서 어떤 차이와 갈등, 다양한 목소리에도 유연하고 넓게 반응할 수 있는 진정한 리더로 자리매김할 수 있다. 경청은 결국 리더십의 핵심을 이루는 '신뢰와 존중'의 출발점임을 기억하고, 매일의 대화에서 아이가 자신의 이야기를 충분히 펼칠 수 있도록 부모부터 실천하는 모습을 보여 준다면, 그 습관은 평생 자녀의 리더십 자산으로 남게 될 것이다.

6. 정직이 신뢰를 만든다

리더십의 본질을 이루는 가장 중요한 기초 가치 중 하나는 바로 정직이다. 정직은 단순히 거짓말을 하지 않는 소극적 의미를 넘어, 자신의 생각과 감정을 솔직하게 드러내고, 주변 사람들과 신뢰의 관계를 쌓아가는 적극적 덕목이다. 리더가 정직하지 않으면 금세 신뢰를 잃게 되고, 조직이나 모둠, 친구들 사이도 불신과 불안정으로 빠질 위험이 높아진다. 실제로 심리학과 조직행동 이론에서도 정직은 '심리적 안전지대'와 '수평적 신뢰문화'의 토대임이 강조된다. 한 개인, 한 리더의 정직한 언행은 집단 전체에 투명성, 상호 신뢰, 심리적 안정, 나아가 협업과 도전의 동기도 불어넣는다.

어린 시절부터 정직의 힘을 몸에 익히는 것은 매우 중요하다. 아이들이 또래나 선생님, 가족과 어울리며 건강하게 리더십을 키우는 데도, 정직하고 일관된 태도가 반드시 바탕이 된다. 친구 사이에서도 솔직한 의사 표현과 행동에서 신뢰가 자란다. 반대로 말과 행동이 어긋나거나, 작은 거짓말을 계속하게 되면 신뢰가 금세 무너지고, 사회적 관계에서 반복적으로 소외를 경험할 수 있다.

정직한 언어와 행동 습관은 일상에서부터 만들어진다. 부모가 아이를 가르치거나 대화할 때, "엄마는 네가 용기 있게 솔직한 말을 해줘서 참 기쁘구나", "실수했을 때 솔직하게 말하면 엄마는 더 고마워"처럼 직접적으로 정직의 가치를 인정하고 칭찬해 준다. 예를 들어 "숙제를 다 했니?"라는 질문에 아이가 "안 했어요"라고 솔직하게 말할 때, 즉시 혼내기보다는 먼저 사실을 인정한 점을 포용하며 "그래도 솔직히 말해줘서 고마워. 이제 어떻게 할지 함께 생각해 볼까?"라는 식의 대화로 이어가는 것이 바람직하다. 이런 긍정적 경험이 반복되면, 아이는 '정직하게 말해도 괜찮다, 오히려 믿음과 사랑을 받을 수 있다'는 신념을 키울 수 있다.

더불어, 부모 스스로가 정직의 모범이 되는 일이 가장 큰 교육적 영향력을 지닌다. "아빠가 약속을 못 지켜서 미안하구나", "엄마도 때때로 실수할 수 있는데 네게 솔직하게 말하고 싶어"와 같이, 자신의 이익이나 편의를 위해 진실을 숨기는 모습이 아니라, 실수와 어려움까지도 솔직하게 인정하는 태도가 아이에게 직접 전달된다. 실제로 교육학 연구에서도, 부모의 정직한 태도와 일관된 언행이 아이들의 윤리적 판단력, 옳고 그름을 구별하는 감각, 정직한 사회적 습관을 형성하는 데 가장 강력한 영향을 미치는 것으로 나타난다.

책 『리더로 키운 유태인 엄마의 말 한마디』에서도, "재능만이 아니라 훌륭한 인격을 가진 사람으로 자라려면, 부모가 늘 모범을 보여야 한다"는 교훈이 강조된다. 정직의 가치는 한 번의 설교나 훈화로 길러지는 것이 아니라, 매일의 삶에서 부모가 약속을 지키고, 솔직하게 말하고, 거짓보다 진실을 자연스럽게 선택하는 모습을 반복해 보여 주는 데서 완성된다.

리더로 성장하는 자녀를 위해 부모가 할 수 있는 최고의 지도는, 아이가 잘못을 했을 때조차 "네가 솔직하게 이야기해 줘서 용기 있다고 생각해", "실수를 숨기는 것보다 정직하게 말하는 게 더 멋진 모습이야"라고 공감하며, 아이가 자신의 진심을 숨기지 않아도 괜찮다는 '안전감'과 '신뢰'를 반복적으로 경험시켜 주는 것이다.

결과적으로 일상에서 '정직'은 아이의 사회성과 리더십, 그리고 성인기 윤리성의 기둥이 된다. 부모는 자녀와의 모든 대화와 약속, 작은 행동 하나에서도 솔직함과 일관성을 놓치지 않는 본보기를 보여야 한다. 그럴 때 아이는 진솔한 대화와 신뢰를 나눌 수 있는 따뜻한 리더, 모두가 존경하고 의지할 수 있는 든든한 사회인으로 성장하게 될 것이다.

7. 선택과 결과, 책임을 경험하게 하라

아이들이 자라면서 저지르는 실수는 자연스러운 성장의 일부이다. 그러나 부모는 아이에게 어떤 행동이든 그에 따른 결과와 책임이 뒤따른다는 사실을 반드시 가르쳐야 한다. 이는 아이의 주도성과 자기 조절력, 성숙한 사회성을 길러주는 데도 무엇보다 중요한 교육적 원칙이다. 전문가들은 실제로 자녀가 자신의 선택과 행동에 대해 논리적이면서도 연령에 맞는 결과를 경험하도록 돕는 것이 올바른 책임감 학습의 핵심임을 강조한다.

부모로서는 본능적으로 아이를 힘들거나 불편한 결과로부터 보호하고 싶어 하지만, 때로는 아이가 행동의 결과를 직접 겪게

두는 용기가 필요하다. 예를 들어, 숙제를 미루다 못한 경우엔 대신 마무리해 주는 것이 아니라 다음 날 직접 선생님께 설명하고 해결하도록 한다. 이렇게 스스로 책임지는 과정을 경험할 때 아이는 '내 행동이 곧 나의 결과로 이어진다'는 인식을 강하게 심는다. 엄마가 전적으로 해결해 주거나 내내 중재하면 아이는 중요한 성장 기회를 놓치고 만다.

부모가 책임감을 실제로 가르치기 위해서는 몇 가지 원칙을 일관되게 실천해야 한다. 첫 번째는 한계를 명확하게 정해주는 일이다. 즉, 허용되는 행동과 허용되지 않는 행동, 반드시 지켜야 할 규칙이 무엇인지 분명하게 잘라 말하는 것이다. 모호한 경계에서는 책임감이 자라지 않는다. 예를 들어, "식사 전에 손을 씻어야 한다", "약속하지 않은 간식은 먹지 않는다"처럼 구체적 한계를 설정해 준다.

두 번째는, 한계 내에서의 선택과 자율성 보장이다. 일정한 규칙이 있는 상태에서 아이가 스스로 여러 방법을 고민하고 자신만의 결정을 내릴 수 있도록 권장해야 한다. 예를 들어 외출 전 옷을 직접 고르게 하거나, 놀이 시간을 자기가 분배하게 하는 것이다. 선택의 자유가 있을 때 아이는 무언가를 스스로 책임지는 자세도 함께 익힌다.

세 번째로, 선택한 행동의 결과를 예측하고 수용하는 경험을 하게 한다. 부모의 판단에서 약간 미흡해 보이는 선택도, 안전에 커다란 문제가 되지 않는다면 아이 자신이 그 선택의 결과를 겪어 보게 한다. 예컨대, 장난감을 정리하지 않아 밤새 어질러진 방에서 지내거나, 준비물을 빼먹어 당황스러운 상황을 맞이하는 것도 괜찮다. 스스로 배워야 책임이 자리 잡는다.

네 번째 원칙은, 아이와 충분히 대화할 수 있는 시간과 환경을 마련해 주는 것이다. 결과의 의미나 행동의 이유, 한계와 규칙의 필요성을 아이가 납득할 수 있는 언어로 설명해 주고, 토론을 통해 부모와 아이 각각의 입장을 충분히 소통한다. 독단적으로 "이래서 그래야 해"가 아니라 "이런 이유로 규칙이 필요하단다", "네 생각은 어떠니?"라는 교감이 동반되어야 진짜 자기 주도적 책임의식이 생긴다.

마지막으로, 부모가 직접 규칙과 질서를 지키는 모범을 보여야 한다. 아이는 어른의 말보다 더 쉽게 어른의 실천을 따라 배운다. 부모가 한 약속을 책임지지 않거나, 규칙을 상황에 따라 바꾼다면 아이도 책임감을 가볍게 여길 수밖에 없다.

이런 책임감 교육의 과정에서 기억할 점이 있다. 부모·아이 모두에게 행동의 결과가 왜 중요한지, 왜 스스로 책임져야 하는지에 대해 충분히 이야기하고 오해가 없도록 한다. '엄마에겐 이해가 되는 일이 아이에게는 불공평하게 느껴질 수도 있다'는 사실을 염두에 두고, 어떤 방식으로든 아이의 궁금증과 서운함, 불편함을 열린 자세로 들어주려는 태도 역시 반드시 필요하다.

책임교육이 반복되면, 아이는 자신의 행동을 신중하게 결정하고, 실패와 실수의 경험에서 배움을 찾으며, 점점 더 자기 삶을 주도적으로 이끌어 갈 수 있는 힘을 갖게 된다. "네가 한 결정은 네가 책임져야 해"라는 원칙이 당장의 불편함을 줄 수 있어도, 장기적으로는 자기 조절과 자기 통제, 그리고 진짜 사회적 성숙으로 이어진다. 부모는 언제나 아이의 안전과 성장, 책임감을 균형 있게 지켜보는 든든한 안내자가 되어야 한다. 이것이 장기적으로 아이를 믿고, 세상에서 훌륭하게 자기 몫을 다하는 리더로 이끄는 가장 효과적인 방법임을 잊지 않는 것이 중요하다.

에필로그 : 마음을 안아주는 든든한 울타리

오늘도 아이들은 엄마를 바라봅니다. 마치 해바라기가 햇살을 향해 고개를 돌리듯, 아이의 시선과 마음은 언제나 엄마라는 따뜻한 존재를 향하고 있지요.

엄마 또한 아이와 함께하는 매 순간, 때로는 기쁨을, 때로는 깊은 고민과 성장의 어려움을 함께 끌어안고 하루를 보냅니다. 그러나 흔들림 없는 지지대이자 세상의 첫 안내자가 되어 주려는 그 마음은 변함이 없습니다. 완벽하지 않아도, 아이의 요구에 귀 기울이고 그 마음을 이해하려 애쓰는 '충분히 좋은 부모'로서의 노력을 다하고 계신 것이지요. 아이의 마음이 편안하게 머무를 수 있는, 따뜻하고 든든한 울타리 말이에요.

그러니 지금 이 순간, 용기를 내어 아이에게 진심을 담은 따뜻한 말을 건네보는 건 어떠실까요?

"네가 엄마 곁에 있어 정말 행복하단다. 엄마는 늘 너를 사랑하고, 언제든 너를 위한 포근한 마음의 울타리가 되어줄 거야."

그리고 바쁜 하루를 정리하며, 스스로에게도 다정하게 속삭여 주세요. "정말 수고 많았어. 내일은 오늘보다 더 환한 미소를 지을 수 있을 거야"라고요.

이제 엄마도 조용한 쉼이 있는 우리 집에서 하루를 잘 마무리하고 내일을 위해 꿈을 키울 거예요.

저/자/약/력

■ 김상옥
숭실대학교 교수
교육심리학 박사
국가 임상심리사 1급
한국아동발달상담학회 회장
한국상담학회 전문상담사 1급
서울특별시 보육정책위원회 위원
서울시교육청 유치원 연수교육 전문강사
중앙육아종합지원센터 부모교육 전문강사
교육청 자기주도학습센터 코디네이터 교육강사
EBS 표준화심리검사 개발자
한솔교육 표준화심리검사 개발 외 다수

〈주요 저서〉
한국 엄마들의 자녀 성공 대화법
엄마의 말 한마디가 우리아이 미래를 결정한다
우리아이 마음을 읽어주는 부모 공감코칭

건강한 성장을 위한 부모의 마음가짐

완벽한 부모보다 충분히 좋은 부모

| 저　자 | 김상옥

| 1판 1쇄 | 발행 2025년 12월 20일

| 발행인 | 김동훈
| 발행처 | **공동체**

| 주　소 | 경기도 고양시 일산동구 호수로 358-39, 동문타워 I 905호(백석동)
| 전　화 | 031)814-3000(대표)
| 팩　스 | 031)814-3100
| 홈페이지 | http://www.compub.co.kr
| 전자우편 | compub@naver.com
| 출판등록 | 2005년 10월 6일
| 등록번호 | 제396-2005-36호

| ISBN | 979-11-7554-049-1
정가 17,000원